一生太らない食べ方

──脳専門医が教える8つの法則

米山公啓

講談社+α文庫

文庫版はじめに

この本が刊行されてから、このたび文庫化されるまでの2年半程の間にも、さまざまなダイエットに関する本が出ています。みなさん、その成果はあったでしょうか。

結論から言えば、「そうしたダイエットは成功しなかった」。これが正しい答えだったのではないでしょうか。アメリカのある研究では、ダイエットをすると、リバウンドでむしろ体重が増えてしまうという報告があります。

数多《あまた》あるダイエット本の理論の基本は、食べる量を減らして、運動をすることでしょう。あるいは、普段食べるものをカロリーの少ないものに替えて、空腹をなんとか抑え、頑張って運動をしないとダメだというものがほとんどです。

ところが、人間は制限をされると、逆にその欲望が増えてしまうのです。食べてはいけないと思うと、食べたいという欲求が強くなるのです。

つまり制限をしていくダイエットは、長続きしないだけでなく、かえってストレスを感じて食べ過ぎてしまいます。それがリバウンドの原因ともなるのです。食への欲望を他のものでごまかすというダイエットも、短期間の体重減少に成功しても、数ヵ月で元に戻るか、リバウンドしているはずです。

無理な制限をするダイエットには限界があるのです。

「そんなことはない、私は食べていないのに、太ってしまう」という人がいますが、多くの人は食べているという自覚がありません。ほとんど食べていないと思っていても、意外に間食が多かったり、冷静に自分の食行動を見ていないのです。健康という観点でダイエットを考えるなら、適正な体重を持続する必要がありま す。そのためには、食に対する考え方や食習慣を変えていくことがどうしても必要なのです。

先に述べたような現状をかんがみるに、ダイエットをして1年後、2年後も同じ体重を維持するにはどうすればいいのかを知るために、この本の重要性は増してきていると思います。

経験的なダイエット理論やダイエット法はたくさんありますが、科学的な根拠に基づくものはまだまだ少ないようです。

たとえば朝バナナダイエットが少し前には流行《はや》りましたが、そこには科学的な裏付けはないどころか、「バナナを食べてさえいればやせられる」といったような誤った考えまで出てしまいました。

私たちの行動は知識だけでは変えることは難しいのです。わかってはいるけれど、なかなか実行できない、それがダイエットの問題です。食べるという行動のカギは脳にあります。脳から「食べろ」という命令が出ているのですから、その脳を変えていく、あるいはその仕組みを理解することで、脳を上手に使ったダイエットができるはずです。

この本のめざすところは、ずっと適正な体重を維持することです。無理のない継続できるダイエットの知恵が身につくことを祈念しています。

２０１３年３月

米山公啓《よねやまきみひろ》

はじめに

この本を手にしたあなたは、もちろんダイエットに興味があるはずです。もしかすると、これまで何冊ものダイエット本を手にしてきたかもしれません。いくつものダイエット食品や健康器具を試してきたかもしれません。

最初は「絶対に減量を成功させる！」と鼻息を荒くして始めるのですが、いつもなかなか続かない。チャレンジと挫折を繰り返して、現在にいたったのかもしれません。その結果として、「もうダイエットなんてやるものか」と投げやりになってしまっているのではありませんか。

あきらめることはありません。

これまで多くのダイエット法やダイエット商品が世を席巻《せつけん》してきました。それらの多くは、極端な食事制限や過度の運動を求めるものでした。ストイックな〝我慢〟を強《し》いるものだったのです。我慢強い人はダイエットの成功という果実を得ることができますが、人間はそれほど強いものではありません。

一方で「これさえやればやせられる」というダイエット法も浮かんでは消えていきました。人々は「これならできる」と甘い囁《ささや》きに飛びつきますが、結局は成果を得られないまま「やはりダメだったか」とギブアップしてしまいます。

なぜそうなってしまうのでしょうか。

これまでのダイエット法は、いわば川の流れに逆らうようなものでした。流れに逆らうには強い意志と強靭な抵抗力が必要です。しかし、多くの人は流れの水圧に持ちこたえることができず、踏ん張った足の力が徐々に弱くなり、やがては川下に流されてしまっていたのです。

本書が紹介するダイエット法は、川の流れに逆らいません。むしろ、水の流れる勢いを上手に利用して、ダイエットの成功という目的地まで連れていってもらうのです。足を踏ん張るのではなく、力を抜いて〝川の流れに身を任せ〟、体重を減らすというゴールにたどり着く。これまでにないダイエット法です。

そのためにポイントとなるのは、「脳」です。脳は私たちの思考、感情、欲望、行動を支配する〝独裁者〟です。この脳のしくみを徹底的に研究することで、私たちは逆に脳を利用してダイエットを成功させることができるのです。

本書は、これまでのダイエット本に見られた極端な食事制限や過度の運動という手法をとりません。その代わりに、私たちの支配者である脳の特性をうまく利用してダイエットを成功させるという〝第3の道〟を進んでいきます。

この方法なら、これまで何度も挫折を繰り返してきたあなたでも、必ずダイエットを成功させることができるはずです。

さあ、新しいダイエット法を試してみましょう。

２０１０年11月

著者

一生太らない食べ方──脳専門医が教える8つの法則◎目次

第1章　ダイエットのポイントは脳にある

第2章　一生太らなくなる食べ方で肥満よ、サヨウナラ

第3章　脳ダイエットはゆっくりと～ホルモン・脳内物質・自律神経のしくみ～

第４章　ストレスを軽減して肥満をふせぐ

第5章　最新経済学理論でダイエットを考える

序章

ダイエットを成功させるには

手始めに、あなたとダイエットの適性を占ってみましょう。

こういう人はダイエットに失敗する

以下のチェックシートのうち、自分に当てはまる項目があれば、□に✓をつけてみてください。チェックシートの項目ひとつひとつについては、後に詳述しますが、このチェックで「あなたが太りやすい性格か、太りやすい行動を取りがちか」がわかります。

□ 何でもきちんとしないと気がすまない
□ 寝る時間が不規則だ
□ ストレスの多い生活をしている
□ 最近楽しいことがない
□ 笑うことが減った
□ 車に乗るとついスピードを出してしまう
□ たばこは体に悪いとわかっているが吸ってしまう

□　一日30分以上歩かない
□　ご飯1杯分のカロリーを消費するのにどれくらい歩く必要があるか知らない
□　失恋してついやけ食いする
□　日本酒より焼酎のほうが体にいいと思っている
□　晩酌を欠かさない
□　家に体重計がない
□　一日3時間以上テレビを見る

あなたはいくつ当てはまりましたか。

3個以下　……成功しやすい
4～5個　……工夫すれば成功する
6～9個　……やや難しい
10個以上　……かなり難しい

いかがだったでしょうか。5個以下だった人は、ダイエット成功の見込みが十分にありそうです。

しかし、油断は禁物です。チェックシートの結果を「やればできるんだ」という自信に変えて、本書で推奨するダイエットに臨んでください。

6個以上当てはまっている人も決して悲観することはありません。自分の弱点を知ることは、目標達成にとってとても重要なことです。そういった人こそ、本書によって弱点を大いに克服できるでしょう。いまのままではダイエットの成功が難しいことを自覚し、それを糧《かて》にして、自分を変えていけばいいのです。

大切なのは〝これから〟のあなたなのです。

なぜ多くのダイエット本があるのか

世の中には実に多くのダイエット本があります。

戦後、焼け野原だけが残り、人々が日々食べるものに困った時代がありました。日本人の摂取カロリーはいまよりずいぶん低く、なかには飢え死にする人もいました。

そうした負の時代から徐々に復興し、日本が豊かになり始めた高度経済成長時代、食べるものに困らなくなった人々の間ではミニスカートが流行しました。貧困の時代を経て、〝やせること〟が意識されるようになったのです。

同時に、ある程度の栄養状態が満たされた人々は、健康志向を高めていきます。ここでもやせることが目標とされました。「生きることは食べること」だった時代を経て、「健康のために食べることを我慢する」時代がやって来たのです。この時代になって、「太っているのは不健康だからやせるべし」という考えも男女を問わず広く共有されていきました。ダイエットブームの始まりです。

ミニスカートに代表される「見た目」と、よりよく生きるための「健康」を車の両輪にして、ダイエットが人々の関心を集めていくようになったのです。

１９７０年代に入ると紅茶きのこやこんにゃくなどのダイエット食品が流行します。続いて、ヨーグルトきのこやきな粉、朝バナナなど多種多様のダイエット食品が、雨後のたけのこのようにニョキニョキと現れては消えていきました。これらの名前を聞いて、「懐かしい」と時代を回想する人もいるかもしれません。

その多くは「食べるだけでやせる」というキャッチコピーを掲げ、「これなら私にもできるかもしれない」と人々の心を揺さぶりました。ダイエット成功への期待値が天まで届く勢いで高まることで需要が供給を大きく上回り、店頭でこれらの商品の品切れ状態が続くことも珍しくありませんでした。

ルームランナーや歩数計といった「運動不足解消系」の健康器具も星の数ほど出現しました。90年代後半までは有酸素運動系が主流でしたが、その後は筋肉を鍛えることを目的にした乗馬型運動器具や、インナーマッスルを鍛えるためのバランスボールやヨガがブームになりました。

またその後は、米軍仕込みの「ビリーズブートキャンプ」や「コアリズム」など、テレビ画面を見ながらダイナミックに体を動かすダイエットプログラムが注目を集めました。

ダイエット食品やダイエット商品の数々は年代ごとに大きなブームとなり、それぞれの時代に刻まれています。人々がそれらの名前を思い出して「懐かしい」と思うのは、そのためでしょう。時代の風俗を象徴するものとしてダイエット食品やダイエット商品が人々の記憶に残っているのです。この国におけるダイエットの影響力は、それほど大きいといえます。

このようにさまざまなダイエット法が栄枯盛衰を繰り返したわけですが、人々の需要はいまなお決して底を突いてはいません。いまでも書店を覗《のぞ》けば無数のダイエット本を見つけることができます。

毎年のように新たな試みをするダイエット法が考案され、新刊となって世の中に〝デビュー〟しているのです。ダイエット関連の本は、書籍のジャンルとして定番中の定番になっています。

ダイエットに〝決め手〟はない

なぜ世の中にはこれほどまで多くのダイエット本があるのかを、別の角度からも考えてみましょう。

ここでは、他の健康問題を例にとります。たとえば書店の医学実用書のコーナーで、「狭心症の治し方」という本が見つかることは、まずありません。

なぜなら、狭心症にはニトログリセリンという特効薬がすでにあるので、人々はわざわざ本を読んで治療法を学ぶ必要がないからです。仮に「狭心症の治し方」という本が出版されたとしたらペラペラのブックレットになり、「ニトログリセリンを服用しましょう」という1行のみが書かれているはずです。

つまり、問題を解決するために絶対確実な方法さえあれば、他の方法を試す必要など存在しないのです。

ダイエットも同じです。ある特定のダイエット法が確実に成功するなら、他のダイエット本は書店から消えてしまいます。決め手がないからこそ、毎年新たなダイエット本が手を替え品を替えたかたちで現れるのです。

うしろを振り返ると、それらの本は〝過去の残骸〟となってうずたかく積まれています。あなたの部屋の片隅にもホコリをかぶったダイエット本や、使われなくなった健康器具がなんとなくうしろめたい雰囲気を醸《かも》し出しながら放置されているかもしれません。思わず目をそむけてしまいたくなりますね。

多くのダイエット本があふれている現状は、実はダイエットに確実に成功する〝決め手〟がないことを物語っているのです。

繰り返される挫折

ダイエットには〝決め手〟がない、と述べました。

一方で、人間の体重が増減する原理そのものはきわめてシンプルなものです。基本的には、食料や飲料などで摂取するエネルギー量が運動や基礎代謝などで消費するエネルギー量を上回れば体重が増え、下回れば体重が減るしくみです。

ですから、先ほどの「狭心症の治し方」の例をまねれば、極めつきのダイエット本にはただ1行だけ「摂取エネルギーを抑えて、消費エネルギーを増やしましょう」と書いてあるはずです。要は、食べる量を減らして体を動かせば、体重をコントロールすることは理論的に可能なのです。

これまでの数多のダイエット本も、基本的にこの原理に従っています。「食べるだけでやせる」は摂取エネルギーのコントロールを、「運動不足解消系」は消費エネルギーのコントロールをめざしていたのです。

しかし繰り返しになりますが、これらはダイエットの〝決め手〟にはなりませんでした。

「食べる」系のダイエットではリンゴ、パイナップル、バナナなどあらゆる食材が紹介され、それらの食材がスーパーの店頭から消えるほどのブームになりましたが、どれも決定打にはならずいつの間にかどこかへ消えてしまいました。

特定の食材を食べるだけでは、やはり特効薬にはならなかったのです。「がんが治る食べ物」「頭をよくする食材」などと同じで、なんでも望みを叶えてくれる魔法のような食べ物はこの世に存在しないと考えるべきでしょう。

「運動」系に関しても、多くの人がついていけなかったり、最初は頑張ったけど次第に飽きたりなどして途中で投げ出してしまっています。とくに最近のハード・エクササイズ系については、早い段階で脱落した人も多かったのではないでしょうか。運動不足の方々にとっては、あまりに高いハードルだったのです。

そもそも適度に体を動かしている人は肥満になりにくい。普段運動をしていないから太りやすいのであって、それを急な運動によってやせることは無理があります。「運動」系によるダイエットは、最初からハードルが高くて当然なのです。

世の中の多くのダイエット法は、理論的には正しいものが多いといえます。低カロリー食で運動をすべきというダイエットの基本に従っているからです。しかし、それでも決定的な成果を得ることができないまま、今日も新しいダイエット本が出現する……。

理論的には正しくとも成功する決め手にはならず、〝新種〟が登場する。ダイエットの世界では、この繰り返しがエンドレスに続いているのです。

どうしてダイエットをしたいのか

なぜ多くのダイエット法は理論的には正しいのに成果を得られないのでしょうか。

一言でいえば、継続するのが難しいからです。理論が正しいこととそれを実行するのはまったく別の話なのです。

そもそも、現代人はなぜダイエットをしようと思うのでしょうか。あなたがダイエットに関心を持った理由をあらためて分析してみましょう。

ふたつの理由が考えられます。ひとつは、もちろん健康のためです。現在肥満であることのリスクの高さは多くの専門家が指摘するところです。「病気にならず健康で長生きするために、肥満になってはいけない」「すでに太っていたら、やせる努力をすべき」という考えは、世の中で広く共有されるようになっています。

もうひとつの理由は、外から見て〝わかりやすい成果〟が得られるからです。

やせるということは外から見てわかる変化です。ずっと太っていた人のぽっこりとしたお腹がある日へこんでスッキリしていて、「あの人やせたなぁ」と思うことは日常でもよくあります。もちろん、その逆もあるわけですが……。

やせることによって他人からの評価や、見られ方がダイレクトに変わります。久しぶりに会った人に「太ったね」と言われるとガクッときますが、「あれ、やせたね」と声をかけられるとうれしくなるものです。周囲から「やせたね」と言われたいから一生懸命ダイエットに励むという人も多いでしょう。やせることは当人にとって、社会的なメリットが大きいのです。

ダイエットは異性へのセックスアピールにもなります。最近はますます〝痩身信仰〟が強くなっているようですね。男性にとっても女性にとっても、やせることは手っ取り早く自分自身をアピールすることになるのです。

つまり、やせる目的としては「健康」とともに、異性や社会からの評価を含む「見た目」があります。先ほど、70年代以降ダイエットが注目されたのは、「健康」と「見た目」が車の両輪となったからだと述べました。結局、本質的な部分で人間の〝ダイエット願望〟は昔からずっと変わっていないのです。

ダイエット最大の難関とは

なぜ人間はそこまでしてダイエットにこだわるのか。健康でありたいからであり、人からやせていると思われたいからです。これが〝ダイエット願望〟の根っこにある考え方ですが、それでもダイエットを継続することは難しい。理論的に正しくても続けることは困難を伴うのです。

なぜなら、はっきりいってダイエットは〝楽しくない〟からです。

一般的に、「楽をしてダイエット」することはできません。先のハード・エクササイズ系のように、「運動」系のダイエットは苦痛を伴います。それゆえ、継続することができないのです。

運動ともうひとつのダイエットの基本はカロリー抑制でした。これは、基本的に食べる量を減らすことを意味します。

これこそがダイエット最大の難関なのです。なぜなら、「食べること」は人間の根源的な欲望であるからです。この欲望の圧倒的なパワーを前にすると、「見た目」と「健康」といったダイエットの目的は吹っ飛んでしまいます。「食べない」ことがダイエットのいちばんの近道なのですが、「食べたい」という欲望とそれがもたらす快感が常に大きな障壁として立ちはだかります。

のちに詳しく見ていきますが、この欲望や快感に対して基本的に私たちは無力です。川の流れに逆らうことはできないのです。「食べてはダメだ」と理性ではわかっていながら、私たちは目の前にあるケーキやラーメンに手を出してしまいます。そのため、ダイエットの挫折が何度も何度も繰り返されます。

この「食べたい」という最大・最強の欲望を司《つかさど》るのが人間の脳です。繰り返しますが、脳は私たちの思考、感情、欲望、行動を支配する〝独裁者〟です。従って、「食べろ」という命令を出す脳のしくみを正しく理解し、上手に利用することでダイエットの成功が見えてきます。

脳に逆らうのではなく、脳のしくみに沿い、脳のメカニズムをうまく利用して、ときには脳をダマしてダイエットを成功させること。それこそが、ダイエットの〝決め手〟になるはずです。

本書を通読すればわかりますが、脳ダイエットの実行は決して難しいものではありません。むしろ、継続を第一に考えた実践法になっています。本書は、誰にとっても簡単に行えるダイエット法をめざしています。

「ダイエットは長く続かない」という前提からスタートすることで、逆にダイエットを継続させるコツが明らかになるのです。

第1章

ダイエットのポイントは脳にある

序章では、人はなぜダイエットに失敗してしまうかを学びました。世にあるダイエット法は理論的には正しくても、究極的には脳にとって〝楽しくない〟ので苦痛になって継続することができません。「食べること」という人間の脳にとって根源的な快感が、ダイエットの最大の障壁になっているのです。

本章では、ダイエットのポイントとなる人間の脳のしくみをさらに学び、脳を上手に利用するにはどうすればよいのかを研究していきましょう。

ライオンはなぜ太っていないか

百獣の王といわれるライオン。皆さんは肥満のライオンを見たことがありますか。おそらく、そんな方はいないはずです。人間に飼われている犬や猫は飼い主に似たのか、ユーモラスなまでにでっぷりとしていることもありますが、百獣の王はいつも筋肉質で引き締まったボディをしています。その姿を目にすると思わず息をのみ、惚れ惚れとしてしまうほどです。

ここで考えてみましょう。なぜライオンは肥満にならないのでしょうか。

自然界はとても厳しく、食物の数が限られています。ライオンが狩りで獲物を捕らえる場面を思い起こしてみましょう。たとえばシマウマに狙いをつけて、草むらに身をひそめて抜き足差し足でそっと近づく。完全に獲物を射程圏内に捉えると、一転して猛然と襲いかかります。慌てて逃げるシマウマを追いかけ、一瞬のうちに距離を詰め、一撃のもとに捕らえる……。

しかしシマウマとて、むざむざと殺されるわけにはいきません。危険を察知した瞬間、本能的にフルスピードで駆け出します。ライオンといえども、狩りに失敗して獲物に逃げられることもあります。

自然界は厳しい掟《おきて》で成り立っています。獲物となるのは弱者ですが、すべてが捕らえられるわけではありません。獲物となるのは、足腰が弱っている動物だったり、まだ幼い動物だったりします。狩りの成果がゼロで、すべての標的に逃げられることもあります。弱肉強食の世界といえども、常に強者が勝者となるわけではありません。

自然界にはそうしたトータルのしくみがあります。〝食べる側〟と〝食べられる側〟の配分が絶妙のバランスで成り立っていて、強者であっても際限なく食べることのできる獲物はいないわけです。

ここに「なぜ肥満のライオンがいないのか」という問いの答えがあります。

肥満は動物の死活問題

つまり、ライオンは必要以上に食べないのです。

余計に食べることはライオンにとって命取りになります。常にシェイプアップしていなければ、狩りのときに走るスピードが落ちてしまい、獲物にやすやすと逃げられてしまいます。

彼らは四六時中狩りをするわけではありません。限られた食料資源のなかで、必要最低限の脂肪をエネルギーとして大切に蓄積して暮らしています。狩りをするとき以外は、なるべく体力を消耗しないようにのんびりする。それでいて、ハンティングを成功させるために引き締まった体型を維持しなければなりません。

彼らは単なる怠け者なのではなく、生きるために必要最低限のエネルギーだけを使って日々を過ごしているのです。それが彼らにとっての〝野生の掟〟です。

こんな厳しい自然の世界で、もし食べ過ぎて体重が重くなってしまえば、狩りに失敗して餌《えさ》にありつくことができません。したがって食物を前にしても彼らは自制し、必要以上に食べ過ぎることはないのです。

シマウマなどの草食動物も同じことです。食べ過ぎて肥満になってしまうとライオンなどの肉食動物に襲われたときに逃げきることができず、命を落としてしまいます。太るか太らないかは、自然界を生きる動物にとって、「生きるか死ぬか」という究極の二者択一といえます。

肥満になるかならないかは、野生動物にとってはまさに死活問題です。彼らにとってメタボになることは、死刑宣告と同じなのです。

しかし、人間の場合はどうでしょうか。

メタボリック（メタボ）という言葉が世間一般に広まったのは、ここ数年のことです。きっかけは、２００５年に日本肥満学会などがまとめたメタボリックシンドローム（内臓脂肪症候群）の定義でした。「男性の腹囲85㎝以上、女性の腹囲90㎝以上」といった診断基準が世の中を大きく騒がせました。

腹囲をメタボの診断基準の必須項目としているのは日本だけで、暫定的な基準でもアメリカは男性１０２㎝以上、女性88㎝以上です。ヨーロッパでは男性94㎝以上、女性80㎝以上など国や地域によって大きく異なることから、日本のメタボ定義には当初から疑義の声が上がっていました。

それにもかかわらず、国は2008年4月に40歳から74歳の全国民を対象に特定健康診査・特定保健指導（いわゆるメタボ健診）を開始。生活習慣病の一歩手前で予防するという国の姿勢が明確になりました。

メタボは「腹部に内臓脂肪がたまると心筋梗塞など心血管疾患を発症しやすい」という考えに基づいて診断され、腹囲が基準値を超え、高血圧、高血糖、高脂血症のうちふたつ以上に当てはまる人が該当します。現在では、全国の健診にてお腹まわりの測定が義務付けられ、基準値を超えるとメタボかその予備軍と診断され、医師や保健師からチェックされます。

メタボの定義にはさまざまな議論があるでしょうが、結果としてメタボという言葉が一人歩きすることで肥満への関心は高まりました。しかし、改善自体は進んでいません。国内でメタボに該当する人は予備軍も含めて、1900万人以上もいると推計されています。

なぜ人間は、動物のように体重を自らの意思でコントロールすることが苦手なのでしょうか。

「食べたい欲望」のカギは「報酬系」

ライオンの例で見たように、自然に生きる動物は限られた食料資源を使い果たさないために、そして、死活問題のハンティングを成功させるために「食べ過ぎない」よう強いられています。太らないように手かせ足かせをはめられているのです。

一方の人間はどうでしょうか。

「たくさん食べたい！」という気持ちは人間の生理的な欲望です。日々の食事が満足にできなかった時代から、人間は知恵を絞り工夫を重ねて生き続けてきました。

そのひとつが厳しい生存条件を生き抜くための食物に関する遺伝的な命令です。人間には、「たくさん食べられるときに食べておけ」という命令が遺伝子レベルで現在でも残っているのです。

食物の少ない時代に人間がなんとか生き残るためには、エネルギーを多く含む高カロリーの食物を摂取することが効率的でした。こうした食物をできるだけたくさん食べ、体脂肪をエネルギーとして体内に蓄《たくわ》えておくことが生存のために何よりも重要とされたのです。このため、人間は脂肪を多く含む高カロリー食を好んで食べるようになりました。

時代がはるかに下り、食料が容易に手に入るようになった現代においても、「たくさん食べられるときに食べておけ」、とくに「高カロリー食を摂ることでエネルギーを蓄えておけ」という遺伝的な命令が根強く残っています。その結果として、食べ過ぎて体脂肪が増し、肥満になってしまう人が続出しています。

この問題は、脳のしくみと密接に関わってきます。

脳には、「報酬系」という神経回路があります。「食べたい」という基本的な欲望にはこの報酬系が関わっています。食べるという行為は脳の神経回路である報酬系を刺激し、快感をもたらす神経伝達物質のドーパミンを分泌します。

報酬系は食欲といった基本的な欲望の他にも、他人からほめられること、恋愛などでも活動します。ヘロインや覚醒剤といった麻薬を服用しているときにも脳内にはドーパミンが分泌され、報酬系が活発になっているのです。

実際にドーパミンと覚醒剤の一種であるアンフェタミンの化学構造はよく似ています。つまり、食べているとき、人からほめられているとき、恋愛しているとき、麻薬を服用しているときには脳内にドーパミンが出て報酬系が活性化し、人間は〝気持ちのよさ〟を感じているのです。こうした状況でハイになり、テンションが上がるのはこのためです。

また報酬系は、〝気持ちのよさ〟を感じているときの環境や周囲の諸条件を快感自体と結びつけて学習します。これにより、同じ条件がそろうと快感体験を予想できるようになります。

ロシアの生理学者パブロフは、ベルを鳴らすと同時に犬に餌を与えることを繰り返すと、ベルを鳴らすだけで犬がよだれを出すことを発見しました。有名なパブロフの犬の実験です。この犬のように、人間も学習するとたとえば食物を一目見たり、食事が行われる環境に身をおいたりするだけで、報酬系が刺激されドーパミンが分泌されて快感を予想できるようになります。

こうした「条件付け記憶」により、ますます私たちの食への欲望は強化されることになります。

高カロリーほど報酬系を刺激する

生体の生存にとって、体内にエネルギーを蓄積することが望ましいとされています。このルールがあるため、脂肪になりやすい高カロリーの食品ほど報酬系を刺激するといわれます。

実際にネズミを用いた実験では、コーン油とノンカロリーの油を同時に与えると最初は両方の油を夢中でなめるが、1時間後にはノンカロリーの油にさっぱり興味を示さなくなったと報告されています。1時間かけて、「こちらにはカロリーがない」との情報がネズミの脳内に届いたのです。これは、生体が油脂を含んだ高カロリーの食品を好むことの例証とされます。

こうして私たちは、ついつい高カロリーの食品に手を出してしまうのです。

同じくマウスを使った実験で、脳に電極を挿入してボタンを押すと報酬系を刺激するようにします。実験者がボタンを押すとネズミは快楽を感じます。そこでネズミ自身がボタンを押せるしくみにすると、寝食を忘れてボタンを押し続ける。快楽におぼれるあまり、しまいには死んでしまうネズミもいたと報告されています。

報酬系はまさに麻薬のようなものであり、生体にこれほどの影響を与えるのです。

食べることは歯止めがきかない欲望

ダイエット中に目の前においしそうなケーキを出されたら、「ダイエットのために我慢しよう」「いや、食べてしまおう」という葛藤が生じます。

このとき、「我慢しよう」という考えをもたらすのが、理性です。理性をもたらすのは脳内の大脳皮質といわれます。「食べたい」という欲望を抑えようとするのは理性です。ひとつのケーキを目の前にして、欲望と理性が脳内で戦っているのです。

しかし、人間の理性と欲望は基本的には欲望のほうが強い。食べると太ってしまうのがわかっていながら、食べるという快感に逆らうことができずに食べてしまうのが人間です。過食は体に悪いと知識ではわかっていながら、結局は欲望を抑制することができないのです。

私たちは本能による欲望と理性的な抑制をうまく使い分けています。その行為に及ぶと社会的な制裁を受けるとか、道徳的に非難される場合は理性が欲望をコントロールできます。

たとえばカッとなって手を出したくなる場面では、「他人に暴力をふるうと犯罪になる」「道徳的にも他人を殴るべきではない」という理性が前面に出てきて、暴力的な行為を抑え込んでいます。

人間社会は無数のルールで成り立っています。欲望を理性で抑えることでひとりひとりの人間が共生することができるのです。

しかし、食べるということは反社会的な行動ではないわけですから、理性によるブレーキが利きづらい。レストランでたくさん食べたからといって、法を犯したことになって逮捕されるわけではありません。テレビで大食いチャンピオンがもてはやされているように、場合によってはたくさん食べることで周りから拍手喝采を浴びることもあります。現にお相撲《すもう》さんの豪快な食べっぷりに、私たちは感嘆してしまいます。

食べるということを理性的にやめさせるのは難しいのです。法律で「過食罪は懲役2年に処す」などと定められていれば、塀の中に入ることを恐れて過食を慎む人が続出するでしょうが、当然ながら現実的には実現不可能といえます。

食べるという快感に対して、大脳皮質の理性が「ちょっと待って！　世の中にはもっと楽しいことがあるよ！」と説得できればいいのですが、普通の人生は食べるより楽しいことがそんなにたくさんあるわけではない。ここが泣き所です。

泣き出した子どもにはおもちゃを渡せば、関心がおもちゃに移ることで泣くという行為をとめさせることができます。しかし、食べることと別の関心を与えるのはなかなか難儀なことです。

食べることを我慢していると、最終的には死にいたります。古来、「たくさん食べられるときに食べておけ」「できるだけたくさん食べて蓄積しろ」という遺伝的な命令を受けている人間にとって、食べるという欲望を抑えることは非常に難しい。事は生体の生存本能にまで関わる問題だからです。

私の臨床の経験でいえば、たとえ病気で認知症になったとしても、それですぐ食事を摂らなくなる人はいません。初期のアルツハイマー病になった患者でも、すぐに食べるという欲望を失うことはないのです。食べるという行為を忘れていくのは、病状がかなり進行してからになります。

人間にとって食べるとは、それほどまでに根源的な欲望なのです。

なぜ理性は負けてしまうのか

どうして人間はそうなったのでしょうか。理性より欲望、本能が強くないと緊急のとき困るからというのがひとつの考え方です。天敵や天災を目の前にして、理性で考えてから逃げるのではなく、本能で逃げてから考えるほうが理にかなっています。

緊急時において、モタモタと考えていては火の粉が身に降りかかってくる。考えるより先に逃げなくては、最悪の場合、生命を奪われてしまいます。本能が理性を上回るということは、リスク管理としては理にかなったメカニズムといえます。

食べるときも理性より欲望が先にきます。「朝これだけ食べたから夜はこれだけにしよう」という理性的な判断はなかなかできません。

ここにもダイエットの難しさがあります。ましてや、他人から「食べてはダメ」と言われても聞き入れる余地があまりないのです。

医師による忠告でさえもムダに終わることが多いと、臨床の場では証明されています。

機能しなかった特定健診

実際に肥満の人に食事療法や運動療法の教育をしても、実行の持続はほとんど期待できません。

先述のように、2008年4月から40~74歳の全国民を対象にした特定健康診査・特定保健指導、いわゆるメタボ健診が始まりました。薬で治療するというよりも、半年〜1年は管理栄養士の食事指導を受けて、食事の量を減らすというのが厚生労働省の最大の狙いでした。

実際に管理栄養士が食事指導をするシステムをつくったのですが、結局、うまく動いていません。なぜなら、食事指導を受ける人が非常に少ないからです。

知識として過食の弊害を教えて、こういうふうに食べなさいと指導したらうまくいくと思っていたら、そうはいかなかったわけです。単に知識として、肥満は体によくないとか、食べ過ぎてはいけないということをわかっていても、個人の自主性に任せている限りではなかなかダイエットに向かわない。単なる知識だけでは行動の変化は起きないのです。強制的に講習を受けさせたり、罰金制度を設けたりしないと、ダイエットは難しいわけです。

医者のほとんどは、食事指導に行きなさいという指示を出しません。医者自身が、それでは効果がないことを知っているからです。

わかっちゃいるけどやめられない

結局、いかに食べ過ぎることが悪いとわかったとしても、実質的に食べる量を減らすこととはほとんど無関係なのです。

糖尿病を専門にしている医者からは「それは医者の努力が足りないからだ」「もっと患者を説得するべきだ」という反論があります。でも、それは不可能ではないかもしれないけれど、1時間かけて患者を説得しても成功する割合はものすごく低いのです。

人の行動を知識とか知恵で変えさせることがいかに難しいか、私は臨床の場でまざまざと思い知らされています。〝わかっちゃいるけどやめられない〟というのがまさしく過食なのです。

現在、脂質異常症で悪玉コレステロールが多いということであれば、すぐに治療や投薬を開始します。しかしダイエットに関しては、なかなか打つ手がない。「運動しましょう」という話だけで終わってしまうので、結局、体重がなかなか落ちません。その人個人の判断で行動を変えないと、ダイエットは難しいということです。

そうした当たり前のことを学会は発表しません。「うちの病院では、これだけ食事指導をしたら、こんなに血糖値がよくなりました」ということしか発表しない。以前私が行った調査では、実際にコレステロールを下げるために食事指導を15分行った患者50人と、医師が「食べる量を減らしてください」と一言だけ伝えた患者50人との1年後を比べた場合、結果に何の差もありませんでした。

つまり、口頭でいくら指導してもダイエットはまず無理という結論がすでに出ているわけです。

その反論として、「それは医者の熱意が足りないんだ」と言われるわけですが、それは間違っています。人間の行動を変化させるには、口頭だけではまず無理だということを強調したいと思います。熱意の問題ではないのです。

口頭ですむなら、糖尿病の患者さんはもっと減るはずです。問題は、いかに行動を変化させるかということなのです。

現代社会が過食を生む

人間は、生存の確率を上げるために食料を確保できるように進化してきました。しかし、社会はものすごいスピードで変化し、便利になっていったので、食料があまりに自由に手に入るようになってしまったのです。理性的には食べ過ぎが体に悪いことはわかっているけれども、「いつでもどこでも食べたい」という欲望のほうが強い。

すると、人間はその欲望に対応できるような環境を作ってしまいます。

いまや食べるという欲望は、それを満たす対象を簡単に手に入れることができます。スーパーなど小売店は「他店より1円でも安く」と食品の低価格競争を続け、昔はなかった食料品を販売する100円ショップも大盛況です。

しかも、24時間営業のコンビニエンスストアやファミリーレストランが街中に立ち並ぶようになりました。経済的にも時間的にもますます食べ物は入手しやすくなったのです。

テレビや雑誌のグルメ特集や食べ歩き特集の影響もあり、私たちの暮らしはますます食べることに関心を向けるようになりました。「生きるために食べる」時代は豊かになることで過ぎ去り、「食べることを楽しむ」時代になったのです。

私が医学生だったころはコンビニもファミレスもありませんでした。正月に当直になると、近所のお店はどこも閉まっていました。仕方なく、唯一オープンしていた病院の食堂でさえない食事をしたことを覚えています。食べたくても食べるものがないので、あきらめるしかありませんでした。

それがいまでは、いつでもどこでも食べられます。なおかつ、フリージングなどの保存法も格段に進歩しました。さまざまな手段で家庭内に食品が備蓄でき、それが尽きてもわずかな手間で食品を手に入れることができます。便利な世の中になりました。

仮に肥満解消のために、政府がコンビニやファミレスを20時に強制的に閉店させるなどの社会的な規制をすれば「食べたい」という欲望を抑制することができるかもしれませんが、それは無理な相談でしょう。

交通手段の進歩も大きな変化です。都会では交通網が網の目のように張りめぐらされ、カロリーを消費することなく私たちを目的地まで導いてくれます。駅の構内やビル内にはエスカレーター、エレベーターに動く歩道まで整備され、ますます私たちは自分の足で歩かなくなっています。

それほど交通手段が発達していない地方においては自動車が必須の移動手段で、一家に１台というより、ひとりに１台が当たり前になっています。極端な場合はたばこを買いに行くのも車です。運動不足解消として「１駅分は歩いてみよう」「オフィスでは階段を使おう」という目標がメディアで繰り返されるように、現代人はよほど自分で意識しなくては歩くことさえしません。

現代社会は、肥満を生み出す大きな母体になっているのです。

論理では欲望をさえぎれない

「あの名優が20kg減量し、役者生命をかけて決死の役作り！」といった映画の宣伝文句を見かけることがあります。ハリウッドスターがやせるのは、映画に出演するためであり、自分のキャリアのためです。彼らには一般人とは違う、猛烈なモチベーションがあるわけです。日本の役者も何十kgも体重を落とすことがありますが、あくまでも自分の役者人生のためです。

映画スターが減量するように、一般人も自分の人生を映画のように考えることができればいいのですが、そうした〝自己演出〟が可能なのは極めて限られた人たちでしかありません。

「ダイエット願望は強いものの、実際にダイエットを継続することは難しい」

そう考えることが本書のスタートラインです。

これまで見てきたように、自然界と違い人間の社会には食べ物があふれています。食べ過ぎて太ったとしても、すぐに命を落とすわけではありません。ブレーキが利きにくい状況です。

しかも、脳は報酬を求めます。食べたいという欲望はダイエットにとって最大の障壁です。「肥満は生活習慣病を呼ぶ」「太っていると格好悪い」という漠然とした理屈や論理（＝理性）では、欲望をさえぎることはなかなか難しいのです。〝欲望には逆らえない〟ことを認識することが大きなポイントです。

脳の間違いを利用する

脳は、私たちの意識や体を支配する〝独裁者〟のようなものです。脳は体内のあらゆる部位の活動を監視し、体内のシグナルに応じて指令を出します。私たちの知らないところで脳は活動しているのです。

近年ではそうした脳の活動への関心が高まり、「脳ブーム」が起きています。脳関連の書籍が多数発行され、メディアで特集される機会も増えました。

しかし一方で脳はダマされやすく、多くの間違いを犯します。

視覚においては見えていないものを「見えた」と錯覚し、聴覚においても聞こえていないのに「聞こえた」という空耳があります。

たとえば、おいしそうな食物の写真を見て唾液が出てくるのも、脳がダマされている状態といえます。本物の食物を見たのではなく、疑似的な体験をしただけで脳は本物を見たのと同じ反応をしてしまうのです。

サルの頭に電極をつけた実験で、アイスクリームを食べる研究者の姿を見つめるサルの脳内を調べたところ、実際に食べているときに反応する部分と同じ部分が反応したことがわかりました。これも疑似体験による脳の反応です。

恋愛に関する脳の働きとしては「吊り橋理論」が有名です。高所である吊り橋の上では心拍数が上がってドキドキします。その状態の人に愛を告白すると、本当は高いところが怖くてドキドキしているのに、脳は「告白してきた人が魅力的だから自分はドキドキしているんだ」と勘違いし、相手に好意を持ってしまうのです。

このように、脳はよく間違えます。完全無欠のヒーローではないのです。

そもそも脳はダマされやすいものです。脳は実際に起こっていることとは別に、寄せられたシグナルをもとに状況を判断します。極端にいえば現実に起きていることとは無関係に、脳内の状況だけで現実を判断してしまうのです。

食事、恋愛、ドラッグなど因子はさまざまでも、脳内にドーパミンが出ていると脳の報酬系は快感を得ることができます。原因は何であれ、脳にとっては「気持ちよくなる」という機能としては同じなのです。こうした〝大雑把《おおざっぱ》さ〟も脳の特徴でしょう。

そんな間違いだらけの脳を私たちは、無条件で信じるわけにはいきません。むしろ、脳のしくみや特性を理解し、それを活かして脳を利用すべきなのです。

その脳のしくみのひとつが、本章で紹介した報酬系です。これを利用しない手はありません。

ダイエットにおいても脳の特性を理解し、利用することが肝心です。次章では、この点をさらに深めていきましょう。

第2章

一生太らなくなる食べ方で
肥満よ、サヨウナラ

前章では、脳の報酬系というメカニズムによってなぜ人間が食べ過ぎてしまうのかを学びました。この脳の働きを利用して、食欲をコントロールすることがダイエット成功につながりそうです。

この章では、食欲を抑制するしくみと実践的なダイエット法を紹介します。

肥満者の食事にはクセがある

肥満者の食事にはクセがあります。まずは以下のチェックシートで自分に当てはまる項目があれば、□に✓をつけてみましょう。

□ 早食いである
□ 食事後にお腹が空いてまた食べてしまう
□ 食事の時間がバラバラ
□ 〝おひとりさま〟で食べることが多い
□ 食べるとすぐ寝てしまう
□ おいしいものより早く食べられるものが好き

□　特盛りや大盛りをつい頼んでしまう
□　ドカ食いしてしまう

　肥満者の食事のクセとして、主に「早食い」「大食い」「過食」といったキーワードが浮かんできました。順次、こうしたクセのどこが問題なのか、これらを改善するためにはどうすればいいのかを学んでいきましょう。

まずは食欲メカニズムを学ぼう

　前章では、食べるという人間の根源的欲望とそれを強化する報酬系という神経回路について学びました。しかし、人間にとって食べるという行為は際限のないものではなく、脳を介してある一定の制御メカニズムが働いています。この制御因子がなければ、体重はずっと増え続けて何百kgにまで達してしまうはずですが、現実にそういう方はほとんどいません。

　この制御メカニズムが、空腹―満腹という「食欲メカニズム」です。この食欲メカニズムを利用して食欲をコントロールすることが、ダイエットを成功させるための大きなポイントになります。

それでは、人間の食欲はどういうメカニズムになっているのでしょうか。「お腹が空いた」「お腹がいっぱい」という食欲をコントロールしているのは、胃ではなくて脳です。だからこそ、ダイエットに脳がかかわってくるのです。

脳の中心あたりにある視床下部《ししょうかぶ》には、「もっと食べろ」と命令する摂食中枢《せっしょくちゅうすう》と「もう食べるな」と命令する満腹中枢があります。摂食中枢は車のアクセル、満腹中枢はブレーキにたとえられます。これらの中枢が人間の食欲を司るコントロールタワーの役割を果たしているのです。

このコントロールタワーを動かすもととなるのは、主に血液中のブドウ糖（グルコース）の量です。ブドウ糖の量が少ないと摂食中枢が作用して、「お腹が空いたな」と食欲が出てきます。そして摂食中枢から「食べろ」というゴーサインが出され、お腹を空かせた私たちはお弁当を食べたり、ファストフード店に並んだりします。食欲のアクセルがぐっと踏まれたわけです。

食事をすることで栄養分を吸収し、血液中のブドウ糖の量が増えると今度は視床下部の満腹中枢が働き、「ふう、お腹がいっぱいだ」となります。食欲にブレーキがかかり、食べることをストップするのです。

このとき、脂肪細胞からレプチンというペプチドホルモンが分泌され、ブドウ糖と同じように満腹中枢に作用して食欲を抑制しています（レプチンについては、第3章で解説します）。

こうしてアクセル役の摂食中枢とブレーキ役の満腹中枢が交互に働いてバランスを取ることにより、人間の食欲はコントロールされているのです。もしどちらか一方が作用し続けたら、私たちはずっと食べ続けたり、永遠に食べなかったりすることになります。

それでは生命を維持することができないため、脳は上手にバランスを取ることで食欲をコントロールしています。

この脳による食欲コントロールのしくみは脳ダイエットにとってとても重要なメカニズムです。よく覚えておいてください。

早食いが過食の大きな原因

摂食中枢が刺激されることで、私たちは食事を始めます。その手をストップさせるのは満腹中枢の作用でした。

この間のタイムラグにこそ、肥満につながる道があります。食べ始めてから食事を終えるまでの間に必要以上に食べてしまい、カロリーを摂取し過ぎることで体内のエネルギーのバランスが崩れ、太ってしまうのです。

なぜ私たちは食べ過ぎてしまうのでしょうか。

その大きな原因が早食いです。肥満の人には早食いが多いという調査結果も多数報告されています。実際、太っているのは早食いの人が多いですね。

「たくさん食べたい」という欲望を満たす人は、お腹が苦しくなるまで食べ続けるということが習慣になっているのです。

早く食べないとたくさん食べられないということを経験として知っているので、「お腹がいっぱいになったと感じる前にたくさん食べてしまおう」と思い、結果として早食いになってしまったともいえます。

摂食中枢の働きにより食事を開始してから、満腹中枢が刺激されて食事を終えるまでの間に、早食いの人は通常のスピードの人より多くのカロリーを摂取します。この食べ過ぎが肥満の大きな理由です。食べ始めてからブレーキがかかるまでの間にたくさん食べてしまうから太ってしまうわけです。
どうやら、食事のスピードを抑制することがダイエット成功のための秘訣になりそうです。

早食いを抑えるには

早食いが過食を招き、ひいては肥満にいたることがわかりました。では、どうすれば食べ過ぎを抑えることができるでしょうか。

これまで紹介してきた脳のしくみがポイントになります。過食しないためには、食欲をコントロールするメカニズムをうまく活用すればいいのです。

つまり、食べ過ぎを抑えるためには視床下部の満腹中枢の働きを利用すればいいわけです。食欲のブレーキ役である満腹中枢を刺激することで、脳から「これ以上食べてはダメだ」という命令が出て、箸《はし》やスプーンを持つ手の動きをストップさせるからです。

人間の本能は「たくさん食べられるうちに食べておけ」と命令します。理性はこの命令の前にほとんど無力です。脳のしくみにより満腹中枢が刺激され、「もう食べるな」という指令が出ることで初めて私たちは食べることをやめるのです。

逆に考えると、満腹中枢が刺激されないと私たちはいつまでも食べることをやめません。まさにブレーキの壊れた車のように暴走してしまい、肥満というクラッシュ(事故)を迎えてしまいます。

食事中に満腹という情報が脳から出れば、「これ以上食べない」という行動につながります。いかに早く満腹だという情報を脳に送り込めるかが過食を抑えるキーポイントになるのです。

脳に「もう食べられない」と思わせる

では、どうしたら実際に満腹中枢をコントロールすることができるのでしょうか。

お腹を空かせてレストランに行ったとき、食べられるかどうかわからないような量を頼んでしまうことがあります。しかし、そのメニューの一品一品の出てくるスピードが遅いと、食べている途中で満腹中枢が刺激されて完食することができないことがあります。

逆に旅館の食事のように最初からすべてのメニューがズラリと並べて出されると、

「出ているものは全部食べなくてはならない」と思い、急いで食べ過ぎてしまうことがあります。「ヨーイ、ドン！」で食事が始まり、短距離走者がトラックを駆け抜けるように一気に食べてしまいかねません。

ここに満腹中枢をコントロールする方法が隠されています。

その第１のポイントは、「ゆっくり食べる」ことです。食べるペースが速い人は、満腹中枢が満腹と感じるまでに食べ物を次から次へと胃の中に放り込むことになります。「ゆっくり食べる」これこそが食べながらやせる確実な方法なのです。

満腹中枢が働くには食べ始めてから20分くらいかかるといわれます。大切なのは時間をかけてゆっくり食べることです。

繰り返しになりますが、食べたいという欲望を理性でコントロールするのは難しい。だったら、脳が「もう食べられない」と思うように仕向ければいいのです。

それが満腹中枢という脳のしくみを利用することです。

ゆっくり食べる11の基本

満腹中枢が刺激されるまでゆっくりと食べることが、脳ダイエットの最大のポイントだとわかっていただけたと思います。

ここでは、まず日常生活の少しの心構えでできる「食事スピード抑制11の基本」をお教えしましょう。

①食事を出す順番を工夫する

食事の出し方にコツがあります。旅館の夕飯のように食卓におかずを全部並べてしまうと、一気に食べてしまいかねません。

割烹料理や精進料理のように、少しずつ食卓に持ってくるのが理想的です。ただし、家庭ではそうそうゆっくりした食事の出し方はできないでしょう。ならば、〝すべて並べて食べる〟という食べ方を少し変えてみましょう。たとえば、おかずを先に出してご飯を最後にすることで、炭水化物を食べる量を減らすことができます。

②値段の高いものを食べる

値段が高い食材だと、〝早く食べるともったいないから、ゆっくり味わおう〟という心理が働きます。一方、安いものだと気にせずにバカバカと食べてしまいます。

時々でいいので、ちょっと高価なものを食卓に出すことで、心理的に食事にかける時間を増やすことができます。

③食材は大きめにカットする

食材が細かく切られた状態だと、ろくに噛まずに無意識のうちに飲み込んでしまうことも多いのです。しかし、食材を大きめにカットすることでよく噛んで食べなくてはならなくなり、モゴモゴと頬張る時間が長くなります。

④小分けにする

ご飯1杯をそのまま出すのではなく、小さめのお碗に2回に分けて出すことで、食事の時間を長くすることができます。

たくさん食べる人は目の前に食品が全部並ぶと、それを一気に食べてしまう習慣がついてしまっています。大皿だと自分で食べた量がわからないのでいつまでも食べ続けてしまいます。できるだけ小分けにしましょう。

食べるのに面倒な方法をとることがダイエットに結びつくのです。

⑤会社に30分早く行く

食事の時間がないから早食いしてしまう人も多いはずです。とくにランチでは、仕事の合間のわずかな時間に、空腹を満たすためだけの食事をすることになりかねません。立ち食いそばを数分で胃に押し込めてはいないでしょうか。

食事に時間をかけることが早食いを止める最大の方法です。そのためには普段から早く行動して、時間に余裕を持たせなくてはなりません。

会社に30分早く到着していれば、それだけ午前中の仕事も早く終えることができます。仕事が昼休みにまで食い込むことを防げるはずです。

時間に追われない食事の仕方をしていくべきです。

⑥ひとりでなるべく食べない

ひとりで食事をすると黙々と食べて、ついつい早食いになってしまいます。

食事は本来、家族や友人と語らいながら食べたほうがおいしく食べられます。さらに、話をすることで一気に食べることを避けられます。

コンビニの弁当などをひとりで一気に食べてしまうと、それだけでは物足りなくなって後からお菓子などを食べてしまいがちです。家でひとりで食べるより、友人と外で食べたほうが過食にはなりにくいでしょう。

食事をみんなで食べる習慣を作っておくことも、食事の速度をゆっくりにできるコツなのです。

⑦品数を増やす

おにぎりやカレーなどを単品で食べてしまうと物足りなさを感じて、同じものをたくさん食べてしまいます。

どんぶり物は危険です。ラーメンだけだと完食しても満腹感が得られないので、どうしても大盛りを頼んでしまったりします。

これを避けるには、いろんな惣菜をそろえて単品の食事にならないようにします。ラーメンだったら麺を半分にして餃子やトッピングなどを増やして、お腹をふくらませる工夫をしましょう。

⑧手を使わないと食べにくいものを食べる

ピーナッツであれば、殻付きのものを選びましょう。カニでも缶詰ならそのまま食べてしまいますが、殻があれば食べるのに時間がかかります。

コンビニに行くと、封を切ったらすぐ食べられるものが多いことに気づきます。あまりお手軽だと早食いになってしまいます。

パンでもデニッシュのようなパンは封を切ってすぐに食べられます。しかし、食パンならそのままかじることはしないで、一度焼いたり、何かを塗って食べるのではないでしょうか。

最近はひと口サイズの包装のお菓子が増えました。大きな袋で買ってきて封を切ってしまうと、つい全部食べてしまいます。小さな包装ならいちいち封を切らなくてはいけないので、食べる速度を遅らせることができます。

すぐに口にすることができないものを選ぶ。それが食べる速度を遅らせるための工夫です。ほんの少しの工夫で、一気に食べてしまうことを防ぐことができるのです。

⑨よく噛んで食べる

従来からいわれていることですが、早食いを止めるために最も適した方法です。ひと口30回を意識して噛むようにしましょう。

よく噛むことで唾液がたくさん出てきて、消化吸収がよくなります。噛むことでヒスタミンという物質が分泌されて、満腹中枢を刺激して食欲が抑制されます。

また、咀嚼《そしゃく》回数を増やすことで脳が活性化することもわかっています。

⑩硬いものを食べる

昔と比べると、現代人はやわらかいものを食べることが多くなり、咀嚼する回数が減っています。とくにファストフードは食べやすさや早く食べることが優先されるため、ハンバーガーなどやわらかいものばかりです。このため、どうしても早食いになってしまいます。

硬い食べ物を摂るようにすれば、早食いが解消されます。するめ、玄米、セロリなど、よく噛まないと食べられない食品を増やしてみましょう。

また、咀嚼を必要とする食べ物には食物繊維を含むものが多いのです。食物繊維は胃に入ると水分を吸収して膨張するので、少量で満腹感が得られやすくなります。

⑪液体より固体を

食べ物を液体で摂取するのと固体で摂取するのでは同じカロリーでも満腹感が異なります。

液体で摂取すると体内に吸収されやすく、血糖値が急上昇します。続いてその血糖値を下げようとインスリンが大量に分泌され、血糖値は急降下。その変動が急激なため、すぐに空腹を感じてつい食べ過ぎてしまうのです。

固体で摂取すると血糖値の上がり方は緩やかで、しかも胃にものが残るため満腹感が得られやすくなります。

食べ物はできるだけ液体より固体で摂取し、血糖値の急激な上昇を抑えて肥満を防ぎましょう。お米なら少し硬めに炊くとより腹もちがよくなります。

それでは、ゆっくり食べるための具体的な方法を紹介しましょう。

①箸置きダイエット

食べている時間を長くしてゆっくり食事をすれば満腹中枢を刺激し、たくさん食べることはありません。食べる時間を延ばすには、ひと口食べるごとに箸置きに箸を置いてみるといいでしょう。

食べている最中にひと呼吸置くわけです。この行為を自分に課しておくと、箸を口に運ぶたびに箸置きに箸を置かねばならないので、食べるスピードはかなり抑制されてゆっくりになるはずです。

ひとりでの食事をするときには、手持ちぶさたの状態で食事中にただ箸を置くことは実際には難しいですね。なので、数独やパズルの本を持ち歩き、食事中に問題を解くことをお勧めします。

〝ながら食べ〟をすることで食事に向かう気持ちを分散させ、早食いを防止することができるのです。

ここで重要なのは頭だけを使って考える本ではなく、実際に鉛筆、ペンを持って書き込むタイプの本を利用すること。鉛筆を持つ際に、必然的に箸を置くことになるからです。

脳に食事内容を認識させよう

ゆっくり食べる方法と同じく、脳を利用して食べる量を抑える方法があります。それが、〝脳に認識させる〟ダイエット法です。

食事中の脳は、満腹中枢が刺激されるまでは「そんなに食べていないんだ」と自分に言い聞かせます。でも、それは何か明確な根拠や基準があるわけではありません。本当は結構食べているのに認識できていないわけです。むしろ「食べていないんだ」ということで自分をダマして食べているともいえます。

そこで大切なのは、脳に食事内容を正しく認識させることです。それにより、脳は考え方自体を変えていくことができます。

ここでは、脳に食事内容を認識させる3つの方法を紹介しましょう。

②デジカメダイエット

まず提案したいのが、デジカメダイエットです。

方法はいたって簡単。普段の食事の際に携帯かデジカメで食事内容を撮影するのです。

このデジカメダイエットは、脳のしくみを利用した賢いダイエット法です。

これまで述べてきた通り、肥満の人は「自分はそんなに食べていない」という誤った認識を持っています。そうした人が日々、自分が口に入れたものをもらさず記録することで「えっ、自分はこんなに食べていたんだ」と自覚することがこのダイエット法の最大の狙いなのです。

日々の食事量を脳が改めて認識することで、「そんなに食べていない」という考えを改め、食べる量を減らしていくことができるのです。理にかなったダイエット法であるといえます。

毎日増えていく写真を眺めることで、自分のだいたいの食事量を把握することができます。大切なのはそれらの写真を見ることで、「自分はこんなに食べているのか」と気づくことです。

写真に収めることで、細かいメニューまで視覚に訴える記録にとどめておくことができます。写真に写し出されたメニューを見て、栄養のバランスを確認しましょう。

野菜、食物繊維、脂肪をどれほど摂取しているか、ひと目でわかり、日々の栄養の偏《かたよ》りに気づくことができます。

写真に写し出された色彩からも、栄養やカロリーのバランスがわかります。たとえば、緑が多ければ野菜を多く摂取していることになります。なるべくカラフルなほうが多くの種類の栄養素をバランスよく摂取していることになり、望ましいといえます。

電車での移動中など、ちょっとした暇を見つけては画像を見直して、日々の食生活をチェックするよう心がけましょう。

デジカメに保存した写真を整理するとともに、カロリー計算を行いましょう。

自分の食べている量からカロリーを推測して、日々の摂取カロリーを把握することができます。こうした行為を繰り返していけば、どの食材のカロリーが高く、どれが低カロリーなのかといった知識も自然に身についていきます。

写真として残すと、単に文字で書き込むより記憶にしっかりとどめておくことができます。一昨日の夕食を思い出せますか? すぐに思い出せない人も多いと思います。通常、人間は食べたもののことはすぐ忘れてしまいますが、写真を見ることでよりビジュアルとして強く記憶に残すことができるのです。

これにより脳が食べた量を再認識して、あまり食べなくなることにつながります。簡単にできることですが、予想以上の効果が期待できます。

自分のホームページを持っているなら、日々の食事写真をブログ風に掲載するのもいいですね。そのことがデジカメダイエットのモチベーションになります。

③つぶやきダイエット

いま流行しているツイッターも立派なダイエットツールになります。

ツイッターは140字以内という規程のあるミニブログのようなもの。チャットのようなリアルタイムでの会話も可能で、ミクシィやフェイスブックなどのSNS（ソーシャル・ネットワーキング・サービス）のように、仲間内での交流を楽しむこともできます。

利用法もとても簡単で、アカウントを取得するだけで携帯電話を使っていつどこからでも〝つぶやく〟ことができます。こうした発言を読んでくれるフォロワーから、リアルタイムで迅速なメッセージが返ってくることもツイッターの大きな特徴です。こうした双方向性はダイエットにとって大きな利点になります。

つぶやきダイエットでは、文字通り自分が食べているものをツイッター上で「昼食のメニューなう」とつぶやくだけでいいのです。するとそれを読んだフォロワーから「食べ過ぎだ」「その1品は食べないほうがいいよ」など思わぬツッコミが入るかもしれません。そうした〝周囲の目〟に現在の食事内容をさらすことで、メニューを客観的に把握し、自制心が働いて食べ過ぎを抑えることができます。

また、食べたものをツイートすることは、デジカメダイエットと同じく記録を残していることになります。つぶやいた事柄は後々までログに残るので、「おとといのランチは何を食べたっけ」と、食べたメニューを後から確認することもできます。これで栄養の偏りや食事量を日々チェックしてもいいでしょう。

さらに、携帯電話を使って食事内容をリアルタイムで入力するという行為は、食事をゆっくりと長い時間をかけて食べることにもつながります。当然、早食いを防ぐことができるわけで、箸置きダイエットと同様の効果が得られます。

つぶやきダイエットは〝一石三鳥〟が期待できるのです。

また、仲間内でお互いにツイッターダイエットをし合うこともお勧めです。食べなかった自慢をすることで自尊心を満足させることができます。

また、食べないこと自体が他人から評価されると、脳内には報酬系の働きにより、食べた満足と同じドーパミンの分泌が期待できます。「今日はおかずを1品減らしたよ」「お腹が空いていたけど断腸の思いで我慢しました……」などと正直な気持ちをツイートし、仲間から「よく耐えた！」「気持ちわかるよ。頑張って」などと反応があると、とてもうれしくなるものです。

人からほめてもらうことは脳にとって大きなモチベーションになります。これにより、ダイエットを続ける気力が出てくるのです。

残念ながら通常のダイエットでは、あまり人がほめてくれません。10kgも体重が落ちればまた違うでしょうが、何百gの変化には本人以外は気づきにくいものです。少しばかりの体重の変化は他人から見てほとんどわからないのです。

本人はしんどい思いでやっていても、気づいてもらえないとダイエットへの意欲が低下していきます。ツイッターダイエットでは、仲間がサポートしてくれることでモチベーションを維持できます。グループで同時に行うことで、誰かがほめてくれるし励ましてもらえるからです。

また、仲間内で行うことにより競争意識も芽生えてくるでしょう。「あの人がここまでやっているから自分も」「負けるものか」といったダイエットを継続する気力が出てくるわけです。

ダイエットは孤独な作業と思われがちですが、ツイッターを利用して仲間内でワイワイとやってみると、意外と継続できるものです。せっかくのツールですから、思う存分ダイエットに活用しましょう。

④手帳ダイエット

デジカメで写真を撮ったり、ツイートしたりすることが苦手な方、面倒だという方には、より〝アナログ〟な方法があります。

それが手帳ダイエットです。

手帳ダイエットのやり方はいたってシンプルです。毎食後、手帳に自分の食べた料理を書くだけです。g数などを細かく記録する必要はありません。

たとえば、朝食はご飯、みそ汁、焼き魚、昼食はスパゲッティ・ミートソースという具合でいいのです。ここで重要なことは、嘘を書かないということです。食べた物に対して、どうしても過小評価しやすいので、口に入れたものはなんでも書かなければいけません。とくに、間食はしっかり書くべきです。ピーナッツを1袋、おせんべいを3枚とか、間食が意外にカロリーを高くしているケースが多いからです。

食事の詳しい内容はいりません。名称だけでいいのです。書き留めることで、食べたことを再認識させて、やっぱり食べ過ぎなのだと思うことが、ダイエットにつながっていくのです。

多くの人が記録をつけ始めるときには気合が入っていて、その日の反省点、感想などもコメントとして残すのですが、やがてそれが面倒になり、結局途中で挫折してしまいます。シンプルであること、それが継続する上で非常に重要なのです。

シンプルな方法ですが、効果が絶大なのが手帳ダイエットです。すぐにでも試してみてください。

環境を変えてみよう

脳の中に作られた日常パターンの行動プログラムに沿って私たちは行動してしまいがちです。

たとえば朝起きて朝食を摂り、歯を磨いて着替え、家から歩いて駅まで向かう、という決められた行動パターン。これに慣れてしまうと何も疑うことなく、流れに身を任せるように生活してしまいがちです。

食事も同じで、日常パターンの行動プログラムに沿って惰性《だせい》で食べてしまいます。

私たちはお昼の12時になったからランチに行こうと思うのではないでしょうか。お昼の休憩時間のうちに食事をしておかないと、昼食を食べ損ねてしまうという思いもあるでしょう。

ここで重要なのは、空腹だから食事に行くのではないということです。ランチタイムになったからとパブロフの犬のように条件反射的に食事に行っているのです。時間に縛られているために、お腹が空いていなくても12時になればランチを食べてしまっているのです。

さらに大勢の人が同じ時刻に昼休みをとるため、オフィス街はどこも混雑しています。せかせかとした気持ちになり、急いで食べてしまいがちです。

私たちは毎日の行動パターンを変えてしまうことが面倒なので、時間の流れに沿って行動しています。そうした習慣に疑問を持つことが大切です。ちょっとここで立ち止まって考えてみましょう。

惰性で食事をしない

私たちはなぜ、朝、昼、夜と三食を食べるのでしょうか。

一日3回に分けて食べることが本当に意味のあることなのか、実は科学的には解明されていません。3回がベストという信用度の高い調査もありません。

実際、日本は朝夕2回の食事を基本とした時代が長かったのです。一日3回の食事が一般的な慣習となったのは江戸時代の中期だったといわれます。

一日3回の食事は、科学的な理由より社会的な意味合いのほうが大きいのです。忙しい現代社会では、仕事の合間に食事をしておかないと、時間がなくなってしまい食事ができなくなります。また、専業主婦の方も、掃除や洗濯、子どもの習い事の送り迎え、PTAなどビジネスパーソン以上に忙しかったりします。

ウィークデイの生活が時間に縛られているのは、現代社会においては仕方のないことです。

しかし、土日くらいは時計を持たないで生活をしてみてはいかがでしょうか。そして、「お腹が減るまで食事はしない」「空腹になったら食事をする」というルールで週末を過ごしてみましょう。

それにより、いかに普段自分がだらだらと食事をしていたかに気がつくという認知行動的な意味があるのです。「お腹が減るまで食事はしない」というルールに則《のっと》って暮らしてみることで、自分の食生活の問題が見つかるわけです。

もちろん、だからといって一日に4回も5回も食事をして結果的に食べた量が増えてしまっては元も子もありません。デジカメダイエットや手帳ダイエットを活用して食べた量を把握し、週末の食事を適切なカロリー数値内に抑えるようにしましょう。

大切なのは、12時のチャイムが鳴ると無意識で食べてしまっていることに気づくことです。惰性で食べていた食生活を改めることがダイエットの第一歩となるはずです。

⑤部屋の模様替えダイエット

これは私の経験談です。

私は室内で犬を飼い始めました。愛犬は冷蔵庫のある部屋に寝ています。夜、愛犬が寝てしまうと起こしてはいけないから冷蔵庫に近づくことがなくなりました。おかげで夜食を摂る日がぐんと減りました。

同時に部屋の模様替えでお菓子の入った引き出しの向きを変え、引き出しを開けにくくしてみました。

たったそれだけのことですが、効果は抜群でした。なんと、1ヵ月で3kgほどやせたのです。

余計な食料を食べにくくするのは意外に効果的です。冷蔵庫に鍵をかけるといった強引な方法でなくとも、ちょっとした「障壁」を設けるだけでいいのです。食料の置いてある部屋では静かにしないといけない状況にする。それだけでやせることができたのです。

ペットを飼っていなければ、台所のドアノブや冷蔵庫の取っ手に鈴をつけて、開けると音が鳴ってしまうというやり方でもいいでしょう。とにかく、食べ物に手を出しにくくなるという環境作りが大切です。

「そんな簡単なことでやせられるなんて……」と思われる方も多いでしょうが、ぜひ試してみてください。

⑥サッカー観戦ダイエット

結局、ダイエットとは食べ過ぎないことです。ならば発想を変えて、〝人間はどんなときに食べられなくなるか〟を考えてみましょう。そこには、ダイエットのヒントが数多く隠されているはずです。

自分の趣味に集中していてすごく楽しいときは、食事を摂らずに没頭することがあります。絵画が趣味の人のなかには、キャンバスに向かっていると時間が経つのも忘れ、気づいたら夜になっていた、という体験をした人も多いでしょう。これが食事をしないでも気にならない状態です。食事をする時間がもったいなくなるわけですね。これも脳の不思議な働きといえるでしょう。

趣味に没頭することで脳内にドーパミンが分泌されるため、食べることで快感を得なくてもすむのです。

食欲を満たすことは一種の快感です。別のことで欲望が満たされていれば、食欲を満たす必要がなくなる。つまり、何かに夢中になることができれば、だらだらと食事をすることもなくなるわけです。

逆にいえば、熱中する趣味がないと食べるしかなくなる。他にやることがないから食べることで快感を満たすのは最悪の選択です。

サッカーの応援なども効果的です。野球のように選手交代やイニング交代などで間が空くスポーツだと観戦しながらつい食べてしまいますが、サッカーのように一瞬でも目を離せないスポーツだとずっと集中して観ることになります。

気を抜けないスポーツ観戦がお勧めですね。

⑦ご飯半分ダイエット（糖質ダイエット、低炭水化物ダイエット）

炭水化物（ご飯、パン、麺類）は体の中で糖質に変化して、エネルギーとなる血糖値を上げます。炭水化物を摂るのを減らすと、血糖値が下がってきます。その代わりに脂肪やタンパク質をたくさん食べても血糖値はほとんど上がらないのです。

糖質ダイエットは、糖尿病の食事療法にも行われています。

またダイエット法として、炭水化物を減らすと、体重減少が他のダイエット法より早く起こることもわかっています。

糖質ダイエットは、脂肪やタンパク質をいくら摂ってもいいという方法です。一般的なダイエット法は、とにかく食べるのを抑えなさいというものが多いので、食べてもいいものがあり、それが無制限であれば、精神的にずっと楽に感じるものです。ただ最近の研究ではこの糖質ダイエットを長期間やっていると、心臓の病気が増えるという疫学調査がありました。

本当の理由はわかっていませんが、やはり脂肪を多く摂ることが長期的には、動脈硬化を悪化させるのではないかといわれています。

しかし、炭水化物を減らすということは、ご飯を意識して減らすようになるので、結局他の食事の量も減ってくるのです。

短期的に体重を落とすには非常に有効ですが、減った体重をいかに維持できるかどうかが問題でしょう。

⑧体重計にのるだけダイエット

体重をとにかく毎日測っていくという方法です。体重が増えてくると体重を量ることが苦痛になります。それは自分の体重を客観的に数値として示されるのがいやだからです。

肥満になった人の多くは、体重を量らなくなってしまいます。

事実を数値で見るということは、ある種の勇気が必要かもしれませんし、それができればダイエットへの意識も高まります。

最近の体重計の中には、アイフォンと連動するものがあり、体重計のデータを即座に無線ＬＡＮでアイフォンに送り、グラフにするアプリがあります。

常に自分の体重変化をグラフで見ることができます。

ここで重要なことは、どれくらい食べると増えて、どれくらい食事を減らすと体重が減るかということを実感することです。

それがわかってくれば、食べる量をコントロールすることができるようになります。

まず体重計に乗り続けること、これだけできれば食べる量は減ってくるはずです。

脂肪燃焼コラム

ニートで脳ダイエットをサポート

ニート（ＮＥＡＴ）とは運動ではない日常生活で発生する熱量のことで、「Non-Exercise Activity Thermogenesis」の頭文字を取っています。

２００５年にアメリカ・メイヨークリニックの研究グループが論文を発表したことで世に知られるようになりました。

この研究グループによれば、やせ気味の人と肥満気味の人の合計20人を比較すると、肥満気味の人はやせ気味の人よりも一日平均２・５時間座っている時間が長いことがわかりました。カロリーに換算すると約３５０キロカロリーに相当します。

逆に考えれば、立っている時間を一日に２・５時間増やせば、約３５０キロカロリーのエネルギーを余分に消費する計算になるのです。コンビニのおにぎりひとつが約170キロカロリーなので、おにぎりふたつ分のカロリーになります。部屋の中で立ったり歩いたりといった軽い動作でも、一日で考えると消費エネルギーを増やすことになるのです。

コンビニ弁当を買ったりデリバリーを頼んだりせず、自炊をして洗いものを含めて、一日何分かは台所に立つようにしたいものです。また掃除も座ってはできないことです。こまめに掃除をするのもいいでしょう。

主婦の方は毎日の家事で、ある程度のカロリーを消費しているわけですが、ちょっと日常生活を変えるだけでニートをさらに増やせます。

では、そのプラスアルファはどのようなものでしょうか。以下のように、ぜひ日常に取り入れてみましょう。

①テレビは立ったまま見る

好きなドラマを見ていると熱中しやすいですよね。立ったまま見ていても1時間くらいあっという間に過ぎてしまいます。疲れてしまう方はCMのときだけ座る、という方法もいいでしょう。

また野球中継なら自分が応援するチームが攻撃しているときだけ、スタジアムにいる気分で立って応援するという手があります。ヒットが出たときだけ、自分がランナーになったつもりで立つという応援スタイルでもいいでしょう。

ボクシング中継ならラウンド中の3分間はボクサー気分で立って見るという観戦法はいかがでしょうか。

②家の中で物を取りに行く

一軒家に住んでいる人は2階に上がらないと物が手に入らないようにしておけば、知らず知らずのうちに動くことができます。食べ物やお酒は2階に置くよう心がけてみてはいかがでしょう。マンションやアパートに住んでいる方は、2階がなくても、部屋に物を分散して置くことで立って歩く時間を増やすことができます。

ダイニングテーブルの周りで、手を伸ばせば取れる位置にあらゆる物が置いてあるのは最悪です。いますぐ分散させましょう。

③電車では座らない

毎日の通勤電車ですでに実践している方も多いのでしょうが、これも立派なニートです。席が空いていても疲れていなければ、なるべく立つことを心がけましょう。立っていることがダイエットのサポートになると自覚すれば、継続することができるのではないでしょうか。

④子どもと遊ぶ

小さな子どもがいる方はキャッチボールやフリスビーのように子どもと一緒に楽しめる遊びをすることで、運動しているという意識を持たずとも立っていることができます。楽しめるのであれば苦痛はないはずです。

⑤洗車

車を持っている人は、自分の愛車は進んで洗いたいものです。車がピカピカになり、ダイエットにもつながるという一石二鳥になります。

ニートをうまく一日の生活に取り入れて脳ダイエットをサポートしてください。

第3章

脳ダイエットはゆっくりと

～ホルモン・脳内物質・自律神経のしくみ～

前章までは脳のしくみを利用するダイエット法を紹介しました。

この章では、体重の増減に関わる体内物質や脳内物質を紹介し、肥満にいたるより詳細なメカニズムを学習します。そこから、ダイエットにとって何が必要となるかも見えてくるはずです。

人体の緻密なしくみを知り、ダイエットの知識をさらに深めましょう。

「やせる」ホルモン・レプチン

前章でレプチンについて少し触れました。

レプチンは、1994年に遺伝性肥満マウスの病因遺伝子の研究をしていたアメリカ・ロックフェラー大学のフリードマン教授らによって発見されたホルモンです。

脳は全身の独裁者であり、適切な指令を発するために身体内の各機能の状態を常にチェックしています。前章で紹介したように、食欲のしくみにおいて脳は主に血中のブドウ糖の濃度で視床下部の摂食中枢を働かせ「食べろ」と命じます。体内にエネルギーが蓄積されると今度は満腹中枢が働き、「食べるのをやめろ」という命令が出て摂食行為にストップがかかります。

この満腹中枢を働かせるしくみに関わっているのがレプチンです。

正常な人は食事をすると体に白色脂肪細胞というかたちでエネルギーが蓄積されていきます。その結果、白色脂肪細胞からレプチンが分泌されます。このホルモンが脳の視床下部にある満腹中枢を刺激して、「もうお腹いっぱいだ。食べるのをやめなさい」という命令を出します。

もともとこの分野の研究においては、動物に脂肪として蓄えられているエネルギーをどうやって一定の量に制御するしくみが働いているのかに研究者の興味がありました。

体重の安定している動物に与える餌の量を増やしたり減らしたりする実験では、体重がさほど大きく変化しませんでした。つまり、餌の量の変化に対抗するような生理的・行動的な変化が生じることで体重が維持されるという結果が出ました。そうした脂肪内におけるエネルギー量の監視や制御に大きく寄与していたのがレプチンだったのです。

多くの実験が行われた結果、肥満症のマウスにはレプチンが欠損していることがわかりました。また、肥満症のマウスにレプチンを毎日注射すると、食欲が低下してエネルギーの消費量が増加するため体重が減ることも明らかになりました。

さらに、そのしくみが人間にもあることが判明したのです。レプチン欠損症による重度の肥満者にレプチンを投与すると、マウスと同様に体重が減少。これらの実験結果は、体重増加を抑制するシステムを血眼になって探していた多くの研究者を驚かせました。

つまり、レプチンは人間にとって根源的な欲望である食欲を抑制する働きをするホルモンであるらしいことがわかったのです。

この新たに発見されたホルモンは、ギリシャ語で「やせている」を意味するleptosをもとにしてレプチンと名づけられました。

レプチンの期待は高かったが……

肥満解消の突破口になるのではと期待されたレプチンでしたが、残念ながら思うような結果は得られませんでした。

レプチン欠損症ではない肥満者にレプチンを投与したところ、期待された体重減少が見られなかったのです。

なぜでしょうか。

人間のレプチンの血中濃度は、体脂肪の割合と正の相関関係があります。太っている人ほど脂肪細胞が多いため、脂肪細胞から分泌されるレプチンの量も多くなり、血中濃度が高くなるのです。

このように、太っていると常に高いレプチン濃度にさらされているので、食欲を抑制するレプチンの働きが悪くなってしまったからと考えられています。常に高い濃度であるがゆえに脳が慣れてしまい、レプチンの効果が薄れてしまったのです。

もうひとつの理由は、レプチンを受け取るレプチン受容体の機能が低下していることです。受容体とは、脂肪細胞で分泌されるホルモンを受け取り次の段階に進める物質のことで、レセプターともいいます。

肥満で高血圧のモデルラットを用いた実験で、レプチンに結合する受容体タンパクが欠落しているので、食欲が抑制されずに肥満になったと京都大学医学部の研究チームは報告しています。

すなわちレプチン濃度を増やしても、それを受け取るレセプターの機能が低下していると食欲の抑制にはつながらないのです。

受容体はすべての病気において重要です。たとえばパーキンソン病はドーパミンがなくなることで発病しますが、このドーパミン受容体の機能が低下してしまうと、いくら人工的にドーパミン濃度を上げても効果を得ることはできません。

ボールを受け取るグローブがないと上手にボールが取れないことと同じで、体内物質を増やしてもそれを受け取るレセプターの機能がしっかりしていないと、体内改善への試みは絵に描いた餅に終わってしまうのです。

アルツハイマー、認知症との関連も

アメリカでの研究により、レプチンの血中濃度が高い人は低い人に比べてアルツハイマー病や認知症の発症が少ないという報告が出されています。

また、レプチン濃度の高い人は低い人と比べて脳容積も大きかったそうです。

アルツハイマー病と認知症は記憶障害を特徴とする病気で、患者は世界中に2600万人以上いるとされます。

食欲を抑制するレプチンが豊富だとアルツハイマー病や認知症にかかりにくいというのは大変注目される報告です。

肥満と認知症やアルツハイマー病との関連は、これからも解明が待たれる大きなテーマです。

レプチンとリバウンド

ダイエットにおいては、無理をして短期間でやせたからといって喜んでばかりはいられません。なぜなら、多くの人が「せっかくやせたのに体重が元に戻ってしまう」リバウンドを経験するからです。

「やせるホルモン」といわれるレプチンの増減は、急激なダイエット後のリバウンドにも関係するといわれます。

急激にやせるとレプチンの血中濃度が低下します。すると、食欲を抑制する働きが失われてしまい、お腹がすごく減るようになってつい食べ過ぎてしまいます。レプチンが減少することで〝満腹感の変化〟が起こってしまうのです。

あまりの空腹感にダイエットが続かなくなり、とりあえずは元の食事量に戻そうとするのですが、減少したレプチンの分泌量は短期間では増えてくれません。そのため、食欲が抑制されず過食になってしまい、結果としてリバウンドしてしまいます。

急激に減少したレプチンが適正に戻るには1ヵ月程度かかるとされています。短期間でダイエットするのはある意味で簡単です。カロリー摂取を極限まで抑えればよいのです。つまり、何も食べなければ体重は減ります。

しかし重要なことは、半年後や1年後に体重が維持できているかどうかです。レプチンとリバウンドの相関性を見ると、急激なダイエットがいかに失敗する可能性が高いかがわかるでしょう。

従来のダイエット法はこうしたレプチンの変化を考えず、短期間にどれくらいやせたかを競争していました。その結果としてリバウンドを引き起こし、ダイエットを失敗させていたのです。

脳ダイエットは焦ったら負け

ここから得られる教訓は、ダイエットは〝焦らずゆっくり〟が重要だということです。一切の食事を断つ断食のような過剰なやり方をするのではなく、長期的な目標設定をしてじっくりと食生活を変えることがポイントです。

食習慣を変えるということは、脳や体のなかのホルモンの働きも変えることにつながります。急激なダイエットがレプチンを減少させてリバウンドを招くことからもわかるように、脳や体のしくみはゆっくりと変えていくことが肝心なのです。

長期的なダイエットを心がけ、ゆっくりやせるほどダイエットの成功率は高くなります。急激に摂取カロリーを抑えるよりも、ご飯のお茶碗をひと回り小さくするダイエットのように、少しずつ減らすことをずっと続けていったほうが効果的なのです。

ダイエットのめどとしては、1年計画をお勧めします。半年にしてしまうとリバウンドの危険が生じるといえます。たとえば禁煙の場合、1年間我慢して禁煙するとその後喫煙する確率はかなり少なくなります。長期的な禁煙によって脳内物質の働きが変わってくるからです。このメカニズムはダイエットも同じと考えられます。

ダイエットは、長期間かけて脳を変えないと成功しないのです。安易なダイエット法やダイエットマシンを用いた短期間の急激なダイエットでは、脳内物質や体内物質が変化していないから持続的な体重減少とその維持が大変困難になります。

たとえ急激にやせたとしてもそれは一時的なことで、やがてリバウンドという逆襲を受けてしまいます。

脳内物質や体内物質を変化させる基本は、意識してゆっくりとダイエットを行うことです。焦らずに地道な努力を続けることで、やがて大きな成果を得ることができるのです。

幸せホルモン・セロトニン

ここからは、レプチン以外の肥満に関連する脳内物質や体内物質を勉強しましょう。

まずはそのひとつ、セロトニンです。

セロトニンは必須アミノ酸のひとつであるトリプトファンから合成される神経伝達物質です。感情ホルモンの情報をコントロールして主に精神を安定させる働きをしています。

体内のセロトニンの90％は消化管、８％は血小板に存在します。残りの２％が脳内にあるのです。

セロトニンは〝幸せホルモン〟と呼ばれ、活性化していると頭がすっきりして、やる気が出ます。逆にセロトニンが減るとイライラして満腹感が得られなくなり、食べ過ぎてしまう。精神不安定になり、うつ病になることもあります。

セロトニンを増やすには、トリプトファンが豊富な大豆やナッツ、乳製品を食べるといいといわれます。

また、朝日を浴びることもセロトニンを増やすのに効果的です。

肥満とドーパミン

ドーパミンは、先に報酬系の解説で登場した脳内物質です。ドーパミンが分泌されると人間はテンションが上がり、昂揚《こうよう》した気分になります。

肥満との関連でいえば、アメリカの大学で注目すべき研究結果が出ました。それによると、肥満者はドーパミン受容体が肥満ではない人たちより少ないというのです。

つまり、快感を得られるドーパミンをキャッチする受容体が少ないため、通常の人と同じだけの快感を得るためには、より多く食べないといけないということです。彼らは「食べて食べて、また食べて」ようやく快感を得ることができるのです。そして過食により、太ってしまう。

悪循環する肥満メカニズムを引き起こしている〝元凶〟は、ドーパミン受容体の不足かもしれないのです。

ドーパミン受容体を増やすには、ドーパミンの大量分泌が必要です。ドーパミンが大量に出るとドーパミン受容体が増えるのです。さらにドーパミン受容体の増大によって、ドーパミンの大量分泌も再度起きてきます。これが繰り返されると、まさに「はまってしまった状態」です。

「はまる状態」までならないにしても、食事以外の快感、達成感の得られること、楽しいことがあれば、ドーパミンが分泌され、減っていたドーパミン受容体が増える可能性があるわけです。つまり、食べること以外で快感を得る方法が必要なのです。

満腹中枢を刺激するヒスタミン

花粉症などのアレルギーに関連するヒスタミンも肥満に関わる体内物質です。ヒスタミンもレプチンと同じように、食欲の抑制や消費カロリー量の増減に関わっています。

また、ヒスタミンは消化器で重要な働きをします。ヒスタミンが消化器で分泌されると、唾液や胃酸などの分泌をコントロールして満腹中枢を刺激するのです。

よく噛んでゆっくり食べることでヒスタミンの分泌が盛んになります。ここでもゆっくり食べることがポイントとなります。

ムスクリンが多いと太りやすい

ムスクリンは、運動や姿勢を保つのに必要な骨格筋という筋肉が分泌するホルモンです。骨格筋には体内の糖分を調整する働きがあります。そこで、肥満のネズミを調べたところ、骨格筋からムスクリンが多く分泌されていることがわかりました。ムスクリンが多いと糖を分解するインスリンの機能が落ち、肥満になりやすいのです。

ここから、ムスクリンの量を抑えると肥満予防になるのではと想定されています。

脂肪燃焼のきっかけ、アディポネクチン

アディポネクチンは、レプチンと同じように脂肪細胞から分泌されるタンパク質です。肝臓にある酵素の一種「ＡＭＰキナーゼ」を活性化させ、この酵素が脂肪酸を燃やすことで糖尿病を抑制し、動脈硬化にも予防的に働きます。

アディポネクチンの血中濃度は内臓脂肪の量に逆相関します。つまり、内臓脂肪が

増えるとアディポネクチンは減ってくるのです。したがって、肥満になるほどアディポネクチンの分泌量が低下してきます。

血中のアディポネクチン量を一定に保っておけば、動脈硬化の進行を遅らせることがわかっています。

食べ物では、大豆を食べると血中のアディポネクチンレベルが上がります。大豆に含まれるタンパク質がアディポネクチンを合成する機能を高めると考えられています。

逆に喫煙によってアディポネクチンの合成機能は低下します。マウスによる実験では、たばこの煙を吸わせた後12時間で合成機能が20％低下する結果も出ています。

肥満と関係する自律神経

脳内物質、体内物質のほかには自律神経が肥満と関連します。

自律神経とは自らの意思とは無関係に常に働いている神経のことで、心臓の鼓動や血圧を調整したり、胃液を分泌させて消化を促したりします。言い換えれば、無意識のうちに全身をコントロールしている神経の働きです。

自律神経にはふたつの種類があります。体が活動しているときに主に働く「交感神経」と、休んでいるときに主に働く「副交感神経」です。

ふたつの自律神経にはどのような役割の違いがあるのでしょうか。

交感神経は、体の〝アクセル役〟を担います。体を活動的にして代謝を高める作用があるのです。交感神経が活発になれば、筋肉や頭に血流が増え、心臓はたくさんの血液を送り出して脈拍が増えます。要は体の活動がしやすくなるわけです。

もともと交感神経には、敵を前にして戦ったり逃げたりといった準備のための働きがありました。いまでも私たちは恐ろしい場面に遭遇すると、心臓の鼓動が速くなり胸がドキドキし、手に汗を握ったりします。これらは交感神経の働きによるものです。

一方の副交感神経は体の〝ブレーキ役〟といえます。たとえば私たちが部屋のソファでのんびりとくつろいでいるときは副交感神経の働きが活発になっています。

24時間のリズムでいえば、人間が日中起きている〝活発モード〟のときに働くのが交感神経で、夜、眠っている〝休止モード〟のときに働くのが副交感神経です。

では、この交感神経と副交感神経は食欲とどう関係しているのか見ていきましょう。

〝疑似運動〟で交感神経を優位に

交感神経が優位になると単純に食欲が減ります。活発モードのとき、たとえば体を動かして活動しているときは何かを食べたいということにはならないわけです。敵と戦うときにあまり空腹ばかり感じて食欲が旺盛だと、戦うに戦えません。そこで食欲を抑えるのが交感神経の役割だったのです。

逆に副交感神経はものを食べて吸収するときに働きます。ゆったりとリラックスした状態ですね。そのため、ストレス回避をするには副交感神経を優位にさせようということになります。

では、ダイエットには交感神経を活発にすればいい、ということになりますが、どうすれば交感神経を優位にできるのでしょうか。

まず考えられるのが、体を活発にすること、つまり運動をすると効果があります。ですが、本書ではあくまで脳のしくみを利用して上手にダイエットすることをめざしますので、運動以外で交感神経を優位にする方法を紹介します。

それが〝疑似運動〟です。

まず、運動して交感神経が優位になった場合に、私たちはどうなるのか考えましょう。たとえば「ハーハー」と息が荒くなります。また心臓の鼓動がドキドキと高まります。運動をしなくとも、疑似的にこれと同じ状況を作ればいいのです。

そのために、浅くて速い呼吸を行うという方法があります。あるいは疑似的に胸をドキドキさせるという方法でもいい。理論的にはホラー映画などを観て緊張させればいいわけです。

余談ですが、理論的には、カッとなりがちな人は交感神経が活発に活動することが多く、食欲が減るためやせているはずです。逆に、いつもにこやかな人のほうが肥満が多いことになります。あなたの周りはどうでしょうか。

グレープフルーツの香りでやせられる

〝疑似運動〟だけでなく、交感神経を刺激する物質もあります。

有名なものは唐辛子に含まれるカプサイシンです。ただし、カプサイシンには欠点もあります。味覚が刺激されて食欲が増進されてしまうのです。これには注意が必要です。

また、グレープフルーツの香りは交感神経を刺激して、脂肪分解を促進することがわかっています。ただし、これは香りの話であり、グレープフルーツを食べる必要はありません。食べてしまってはフルーツの糖分を摂取してしまい、効き目がないことに注意しましょう。

逆にラベンダーの香りは脂肪分解を抑制して食欲を増進し、体重を増やすとされます。グレープフルーツと反対の作用があるのです。

他にはシャワーを浴びることで、温度差により交感神経を優位にすることができます。一時的に交感神経が優位になり、時間が経つとリラックスします。どうしても夜食を食べたくなったときなどはシャワーを浴びて、スイッチを切り替えるのもいいでしょう。

自律神経がうまく働かなくなると、体内のさまざまな部分に負の影響が生じてしまいます。自律神経を健全に保って健康な体を維持するためにも、毎日規則正しい生活を心がけたいものです。

摂食行為のシステムは複雑

これまで、肥満に関連するさまざまな物質を紹介してきました。肥満を生み出す体内メカニズムにおいては、実にさまざまな要素が複雑に絡み合っています。単純な因果関係では説明することができないのです。レプチンが発見されたときは、「これで肥満が抑制できるかもしれない」と期待されたのですが、実際にはレセプターの問題などがあり、一挙解決とはいきませんでした。

食事をすることで栄養分を補給するという行為は、人間の生存にとって根源的な機能です。それゆえに、ひとつの回路やひとつのホルモンの単純な働きで摂食行為が支配されるわけにはいかないのかもしれません。なんらかのアクシデントがあり、そのひとつの働きが欠損することで摂食行為が完全に阻害されてしまうと、人間は生命の危機を迎えてしまうからです。

人間にとってのリスク管理のためにも、さまざまなチャンネルを用いて食欲や摂食行為のしくみが成り立っていると考えられます。

だからこそ、うつ病におけるセロトニンや狭心症におけるニトログリセリンのような〝一撃必殺〟の解決法が見つからないのです。ダイエットに〝決め手〟がないののは、あまりに複雑かつ精緻な回路が体内のバランスを調整しているからともいえます。

実際の摂食行為においては、本章で扱った脳内物質、ホルモン、自律神経がめまぐるしく複雑に絡み合っています。全体的なメカニズムは非常に難解なため、まだまだ動物実験による解明を進めている最中です。今後、絡まった糸を解きほぐすさらなる努力が必要となります。

ただし、これまでに解明されたことも多いのです。それが本書でこれまで紹介してきた食欲のメカニズムや各物質などの働きです。これらのしくみを積極的に利用すれば、ダイエットにも大きな効果が期待できます。大切なことは、やれることからコツコツと努力を積み重ねていくことです。

さて、食欲や体重の増減などについては、非常に複雑なしくみがひとつのシステムとして機能し、生体に影響を及ぼしていることがわかりました。その複雑なシステムに、確実に影響を及ぼす因子があります。

それは、ストレスです。ストレスは肥満と密接に関わります。

次章では、ストレスについて学びましょう。

第4章

ストレスを軽減して肥満をふせぐ

「現代人は多くのストレスにさらされている」「日本はストレス社会だ」とよく耳にします。私たちが日々さらされているストレスはさまざまな生活習慣病のもとになり、心の病気にもつながり、精神衛生上も好ましくありません。まさに現代人にとってストレスは憎むべき相手でしょう。

こうしたストレスは、脳を使ったダイエットにとっても大敵です。ストレスは肥満につながる要素を多く持っているからです。ストレスを克服しない限り、ダイエットの成功はないといってもいいでしょう。

この章では、ダイエットにとって厄介な存在であるストレスについて勉強し、ストレスに対処する方法を学びましょう。そうすることでよりスムーズにダイエットを成功させることにつながります。

長期的なストレスは肥満を呼び寄せる

そもそも、ストレスとはいったいなんのことでしょうか。

手元の国語辞典にはこうあります。

「寒冷・外傷・精神的ショックなどによって起こる精神的緊張や生体内の非特異的な防衛反応。また、その要因となる刺激や状況」（小学館『大辞泉』より）

これをごく簡単にいえば、ストレスとは人間が日常で抱える心配事や不安のことです。そしてこのストレスは、継続する期間によって2種類に区別できます。

ひとつは短期的なストレス、もうひとつは長期的なストレスです。このふたつのストレスを見ていきましょう。

人間は生きている間、常にストレスにつきまとわれます。ビジネスパーソンの日常生活では、朝早く起きて時間通りに電車に乗らなければなりません。

電車に乗ればラッシュアワーで多くの乗客と押し合いへし合いになり、息苦しい車内に閉じ込められます。女性の場合は痴漢に遭う可能性もあり、大変なストレスになるでしょう。最近では、逆に痴漢に間違われないように、満員電車で両手でつり革をつかむ〝バンザイ通勤〟をするサラリーマンもいると聞きます。通勤時も一瞬も気が抜けないわけです。

会社に着いたら着いたで、今日中の締め切りの仕事が山積みになっており、休む間もなく働きます。

専業主婦はしつこい勧誘の電話があったり、それはそれで会社勤め以上に面倒が多いものです。

これらすべてがストレスです。ただし、これらのストレスは短期的であり、駅に着いて電車を降りたり、電話を切ったりすれば解決することができます。基本的には短時間で〝カタのつく〟ストレスであり、その日のうちに解放されると考えられます。問題なのは長期間のストレスです。ストレスが長引くと、脳に悪い影響を及ぼすことが証明されています。

有名な例では、ベトナム戦争時のアメリカ兵が患《わずら》った心的外傷後ストレス障害（PTSD＝Post-Traumatic Stress Disorder）があります。戦場での過酷な経験が強いストレスとなり、復員後も日常生活において悪夢にうなされたり、異常な興奮状態になったりして苦しんだといわれます。戦闘中の恐ろしい記憶を思い出してしまうフラッシュバックなども特徴的な症状のひとつです。

日本においても、オウム真理教による地下鉄サリン事件の被害者や阪神・淡路大震災の被災者がPTSDに悩まされています。

このＰＴＳＤについては今日では諸説がありますが、動物実験では生体にストレスをかけ続けると脳内の記憶を司《つかさど》る部位である海馬が壊れてしまうことがわかっています。少なくとも、長期間のストレスが生体の脳にマイナスの影響を与えることは間違いありません。

事件や災害に巻き込まれなくとも、日常生活において長期間のストレスになるさまざまな要因があります。たとえば、夫婦関係がうまくいかず離婚すべきか悩んでいる、大きな借金を背負っていてそれを返済する手立てがない、といったことは短期的には解決できない長期的なストレスといえます。

夫婦間トラブルは人間関係が問題となっているため自分の力だけでは解決できない面がありますし、大きな借金などは短期間でスッキリと解決するのは非常に難しい問題です。このように解決まで時間がかかる問題は、どうしても脳にとってマイナスになってしまいます。

長引くストレスは病気とも強く相関します。ストレスが長引くと免疫力が落ちるなどして、多くの病気を発病しやすくなってしまいます。世のほとんどの病気は多かれ少なかれストレスが起因となっているといっても過言ではありません。ストレスはまさに、現代人にとって悩ましい存在なのです。

そしてもちろん、肥満も例外ではありません。長引くストレスは肥満を呼び寄せてしまうのです。

ストレス回避で食べてしまう理由

なぜストレスによって肥満になってしまうのでしょうか。

3つの面から説明ができます。

まず、ストレスを抱えた脳にとって、ストレス自体のマネージメントが非常に重要になってきます。脳は厄介な存在であるストレスを抱えると、直感的に「これはヤバイぞ！」と反応し、危機を回避するためになんとかしてストレスを軽減しようとするのです。

脳がストレスを回避するために手っ取り早く手を打とうとすると、「食べる」ということに結びついてしまいます。そのためついつい食べ物に手が出てしまい、ガツガツと食べる。結果として太ってしまいます。

なぜ脳はストレスを回避するために食べてしまうのでしょうか。

このメカニズムは脳の報酬系から説明ができます。脳にとってはストレスを軽減するには、別の手段で〝気持ちよくなる〟ことがいいわけです。そのために最も根源的な欲望である「食べること」を選択し、快感を生み出すドーパミンを放出してストレスから逃げようとするのです。

脳にとって食べることは、〝いま、ここで〟ストレスを回避できる極めて有効な手段です。ストレスが過食―肥満になってしまうことには、こうした脳のメカニズムが働いているのです。

ホルモン系の太るメカニズム

ストレスが肥満につながってしまうふたつ目のメカニズムは、脳を介したホルモンなど体内物質の働きです。

ストレスにさらされているとき、人間の脳は危機感を覚えて、この危機に対処しようとします。第１の方法はここから「食べる」という快感に向かいましたが、第２の方法で脳は、危機に対処するために体内にエネルギーを蓄積する必要があると判断します。そして脳が司令塔になり、体内にさまざまな物質を分泌させるのです。

これは、人間に遺伝子レベルで組み込まれたリスク回避のしくみといえます。つまり、生体が危機に直面した場合、それをどうにか回避して生き残れるように組み込まれた、遠い昔のメカニズムがいまだに残っているのです。

このとき、実際に脳はどんな働きをするでしょうか。

生体がストレスを受けているとき、それを感知した脳は、緊急事態として「ストレスから身を守る必要がある」という指令を視床下部に送ります。

これを受けた視床下部はストレスという危機にさらされた生体を守るため、さまざまな物質を分泌します。

分泌されたホルモンは危機回避のために頑張って働きます。しかし、頑張り過ぎることで思わぬ副作用を招いてしまいます。それが肥満につながるのです。

基礎代謝が減るコルチゾール

ストレスによって分泌されるホルモンの代表格がコルチゾール（副腎皮質ホルモン）です。コルチゾール自体は適量に分泌されるとストレスを緩和する作用があり、体にとってプラスとなりますが、持続的に分泌されるとマイナスの面が出てきます。

コルチゾールが免疫力を低下させたり、成長ホルモンの分泌を邪魔したりしてしまうのです。

これにより、体内の成長ホルモンが減少します。成長ホルモンは脂肪燃焼を助ける物質なので、これが減ると、脂肪がたまってきてしまいます。

さらに、コルチゾールは筋肉も減らしてしまいます。副腎皮質ホルモンが過剰に分泌されると、筋肉が減って脂肪が蓄積し、顔が丸くなってしまうことがあります。これは満月様顔貌、ムーンフェースなどといわれ、中心性肥満（胴体の中心に脂肪がつく肥満の形態）のひとつです。ステロイド剤の投与によりこうした症状が出ることがあります。

また、筋肉が減るということは、基礎代謝が減ることを意味します。基礎代謝とは、人間が休んでいる状態でも呼吸や体温維持などによって消費されるエネルギーで、基礎代謝量は主に筋肉量に比例します。筋肉は使っていなくても基礎代謝分のカロリーを消費しているのです。

参考までに成人の基礎代謝量は、男性１５００キロカロリー、女性１２００キロカロリーといわれています。

筋肉が減ることで、この基礎代謝量が減ります。つまり、何もしないときのエネルギー消費量が落ちてしまうのです。エネルギー消費量が少なくなれば、蓄積される脂肪が増加することになります。

結局、コルチゾールが分泌されることで基礎代謝量が減ってエネルギーがたまる方向に向かっていくし、成長ホルモンの減少により脂肪がついてしまうわけです。結果的に、ストレスが肥満をつくりだすことにつながります。

ストレスという危機を回避しようとした脳の働きが過剰防衛になってしまうことで、コルチゾール分泌の副作用として太りやすくなってしまうのです。

幸せホルモン不足が原因で甘いものを補充

ストレスによって〝幸せを呼ぶホルモン〟であるセロトニンが失われてしまうともいわれます。セロトニンはストレスを軽減してくれる作用があるのですが、ストレスが長期にわたると大量に消費され、不足してしまうのです。

甘い食べ物に多く含まれるブドウ糖は、脳内におけるセロトニンの生成を助ける働きがあります。ストレスを抱えるとセロトニンが減ってしまうので、脳は慌てて「セロトニンを補充しよう」とします。幸せを求めて、その原料を補充しようとするわけです。

その結果として体が無意識的に甘いものを取り込もうとして、過食になってしまい肥満につながるというしくみです。

神経ペプチドＹとメタボマウス

この他にもストレスと肥満を媒介する体内物質についての研究は進んでいます。

そのひとつである「神経ペプチドＹ」（ＮＰＹ）は、肥満症に関係していると報告される物質です。

アメリカの大学でマウスを毎日１時間寒さにさらすか、より攻撃的なマウスと10分間同じかごに入れるという実験が行われました。マウスをストレスのかかった環境に置いて、変化を調べたのです。

すると、マウス腹部の脂肪内の交感神経から神経ペプチドＹが放出されることがわかりました。

このマウスに高カロリー食を与えると、ストレスを与えなかったマウスに比べて２

週間後に腹部に2倍の脂肪がつきました。3ヵ月後には肥満、高血圧、高コレステロールといったメタボリック症候群の症状になりました。ストレスを与えることで〝メタボマウス〟になってしまったのです。

ストレスを与えることで神経ペプチドYが出て、それがどうやら肥満症につながったと考えられます。この神経ペプチドYの分泌を止める物質を投与すると、ストレスを与えても、高カロリー食を摂取しても、マウスは太りませんでした。

さらなる研究の進展が待たれます。

自律神経の乱れから過食に

強いストレスは自律神経にも大きな影響を与えます。

ストレスがかかると体の中で交感神経を刺激するアドレナリンが出て、「戦闘態勢」になります。しかし、これが長期のストレスになると、交感神経が刺激され続け、自律神経の働きが不安定になります。これが視床下部にある摂食中枢を刺激し、食べてしまうことにつながってしまうのです。

このように、ストレスによる肥満の促進については、報酬系、ホルモンなどの分泌、自律神経の乱れの３種類が絡み合っています。ストレス回避のために、このメカニズムを頭に入れておきましょう。

肥満を促進させる要因となるストレスがダイエットの大敵であることは間違いありません。この敵を退治する必要があります。

ストレスを感じやすいタイプ

ここまでストレスがいかに肥満につながるのかを検証してきました。

ストレスは脳に影響し、肥満を促進してしまいます。しかし、コップに半分入った水を見て、「まだ半分も残っている」と喜ぶ人と、「あと半分しか残っていない」と悲観する人がいるように、何がストレスになるかは人によって異なります。同じ状況に置かれていても、ストレスを強く感じる人となんとも感じない人がいるのです。ストレスを感じやすい人が肥満になりやすいことはいうまでもありません。

では、ストレスを感じやすいタイプを挙げてみましょう。

①とにかく几帳面、真面目

②責任感が強く、人から頼まれると断れない。その結果生じる責任を全部自分でかぶってしまう
③頑固。頑《かたく》なに自分の価値観や判断基準にこだわってしまって、融通がきかない。応用がきかない
④おとなしい。ストレスを外部に発散するのではなく、黙ったまま内部に抱え込んでしまう
⑤不安感が強い。心配性でいろいろと先のことを考え過ぎてしまい、リラックスできない

これらの項目に当てはまる人は、ストレスを強く感じてしまいがちです。この点を自覚して、ストレス回避をめざしましょう。

2種類のストレス回避法

継続したストレスは体にも脳にもよくありません。
注意すべきなのは、必ずしも人間はストレスを抱えていることを自覚しているわけ

ではないということです。知らず知らずのうちにストレスを抱え、脳がそれを回避するためにこれまで紹介したような働きをして、気がついたら過食になっていた、ということもあります。

自分でも気づかないうちにストレスを抱えていることがあり得る状況では、意識的にストレスを回避することがますます大事になります。

ダイエットにとっては、ストレス回避による過食の抑制が期待できます。

ストレスを回避するには大きく分けてふたつの方法があります。ひとつ目は内在するストレスとは別の関心を持つことでリラックスする方法。ふたつ目はストレスそのものに立ち向かい、乗り越えることでストレスを解消する方法です。

本書では、このふたつの方法を学んだのち、最終的にはストレスそのものをポジティブに受けとめることでストレスと共生することをめざします。

それぞれを紹介していきましょう。

ストレスを回避する①　リラックス法

まずはリラックス法です。

人間は他の動物と違い、いま感じているストレスとは別の方向に関心を向けることでそのストレスを回避することができます。

カギとなるのはやはり脳や体のメカニズムです。

芸術鑑賞でリラックス

まずは報酬系と自律神経のしくみを利用してリラックスする方法です。

食べることで報酬系が刺激されて快感を得ることをこれまで見てきましたが、同じことは芸術的な感動でも起きます。つまり素晴らしい芸術を鑑賞することでも脳内にドーパミンが出て快感を得ることができるのです。

対象は、絵画、映画、音楽と豊富にあります。これらの芸術の鑑賞は、ただ単にリラックスするとか感動するとかいうわけではなく、最初に緊張を高め、その後リラックスするというしくみがあります。

つまり、一度、交感神経系を少し優位にさせておいて緊張状態になり、それから副交感神経系が優位になってリラックスするというしくみです。たとえばアクション映画などはスリルを感じる緊張状態のシーンがあり、それから危機を脱してほっと胸をなでおろすことでリラックスできるのです。

芸術が報酬系を刺激してドーパミンを出すしくみは、一度経験すると〝成功体験〟として脳内に刻み込まれます。パブロフの犬と同じしくみです。

「食べるだけじゃなく、芸術でも気持ちよくなれるんだ」と学んだ脳は、この成功体験を何度でも繰り返そうとします。気分が落ち込んでいるときや、ストレスを感じているときに過去の成功体験を頼りに「もう一度芸術鑑賞で快感を得てリラックスしよう」というメカニズムが働くのです。

芸術鑑賞にはこうした脳の働きが隠されています。どんな芸術を好むかは人それぞれです。絵が好きな人は絵を見ればいいし、音楽が好きな人は音楽を聴けばいいのです。自分がどの芸術に感動することができるかは自分がいちばんよく知っているはずです。

笑いは良薬

芸術と同様に、笑いも緊張と緩和で成り立っています。脳をリラックスするためには一時的な緊張が必要なのです。

笑っているときは緊張状態で交感神経が優位であり、笑ったあとこそ副交感神経の活動が高まってリラックス状態になり、ストレス解消につながっていきます。

生活全般をみても、笑うのはとてもいいことです。医学的にも、笑うことで免疫力が上がる、ナチュラルキラー細胞が増える、血圧が下がるといったさまざまなデータが報告されています。がんの治療がしやすくなるともいわれています。

ストレス解消法としては、ニヤリとしたり含み笑いをするよりも、アハハハといった大笑いのほうがいいとされます。周囲の目を気にせず、手を叩いて笑うように全身で表現したほうがストレス解消の効果があるということです。

大笑いするときは、交感神経が緊張しています。つまり軽度のストレス状態です。しかし、笑い終わったあとに副交感神経が優位になってリラックスできるのです。交感神経から副交感神経への切り替えの落差が大きいほど、リラックス度は高くなります。だから、できるだけ大笑いをすることで、リラックスの度合いが大きくなり、より多くのストレス発散も可能になるのです。

もちろん、何を笑うかは個人の嗜好によって大きく異なります。いまはお笑い芸人ブームですが、「あの芸人の何が面白いかわからない」「あの漫才のこのオチがたまらない」と見方は千差万別です。自分が好きな芸人やジャンルは自分がいちばん知っているはずですから、ストレスを感じたときには好きなテレビ番組を観たりＤＶＤをレンタルしたり舞台を観にいったりするなど、自分が好きな笑いのジャンルに飛び込んでいくことが必要です。

日常生活から積極的に笑うことを心がけておきたいものですね。

喜怒哀楽をはっきりと

笑うことと同様に、ストレートに自分の感情を表現することもストレス解消につながります。

感情を司るのは、大脳辺縁系《だいのうへんえんけい》にある扁桃体《へんとうたい》です。ここが刺激されると喜怒哀楽を誘発します。脳にとって、笑いや恐怖や哀しみは強度が違うだけで機能としては同じです。

怒りを爆発させることは自分のエネルギーを外に発散するわけですから、ストレス回避になります。その結果、暴力に訴えることは避けるべきですが、頭にきているのに一切反論もせず、感情を理性で抑え込んでため込むよりは、どこかで思い切り発散させることがストレス回避にとっては必要です。「これればかりはどうしても我慢ならん」という怒りに震えたときは、思い切り言い返してもいいでしょう。同様に、悲しくて悲しくて仕方のないときは、泣くことがストレス回避になります。怒りも笑いも感情をあらわにするということ自体がストレス回避になっています。

アロマでリラックス

嗅覚《きゅうかく》は、ほかの神経の感覚と違って直接大脳とつながっています。連絡線維《れんらくせんい》を替えないで伝わってくるのでダイレクトに脳に入るわけです。

嗅覚の線維は、大脳辺縁系の欲望や情動と非常に密接なところを走っています。つまり嗅覚は感情との関係が非常に深く、緊張やリラックスに与える影響も大きくなるわけです。

ここにアロマセラピーの科学的根拠があるわけです。

以下に代表的なアロマセラピーの効果を挙げておきます。効能には個人差があるので、自分に合ったアロマを探してみてください。

・カモミール　　ストレスを解消して気持ちをリラックスさせる
・ローズ　　神経の緊張を和らげてストレスを解消する
・ラベンダー　　気持ちを落ち着かせてバランスを整えながら癒す
・レモンバーム　　気持ちを穏やかにして明るくする

ストレスを回避する②　オーバーカム法

ストレスを回避するふたつ目の方法は、ストレスに向き合ってそれを乗り越えることをめざす方法です。オーバーカム（乗り越え）法とでもいいましょうか。

まずは以前紹介した短期的なストレスを考えてみましょう。実は短期のストレスは、有効な目標設定につながります。

たとえば、会社で今日中にやらなくてはならない仕事がある場合、たしかにストレスになりますが、それが「さあ、一丁やるぞ」「今日はここまで頑張るぞ」というやる気につながる面もあるのです。

ストレスがあることが、自分の普段の仕事ぶりよりも頑張ることにつながるわけです。

ストレスによって自分の能力が引き出されるといってもいいでしょう。目の前にあるストレスから逃避するのではなく、立ち向かってそれを乗り越えることで、結果的にストレスを回避することができるのです。

要するに、ストレスがすべてマイナスの効果を生むわけではないということです。短期的なストレスには脳を活性化し、目標の達成を促すというポジティブな面があります。

ここから、ストレスを上手に活用することがいかに大事かということがわかります。そのためには、実現可能な目標を設定することが必要です。最初はたとえば、時間に遅れないで会社に行く、今日は庭の草むしりをする、という本当に些細《ささい》な設定でいいのです。

その目標をクリアすれば、さらに大きな目標をめざすことができます。徐々にハードルを高くすることで、脳もさらに活性化され、より大きな成果を得ることができます。

ここで肝心なのは、ひとつの目標を見事にクリアしたときに、自分がしっかりと満足することです。なぜなら、目標をクリアしたという実感と満足を得ないと次の目標設定ができないからです。

目標を設定するということは、意識的に自分に対して軽度のストレスをかけるということです。あくまでも軽めのストレスということなので、あまり長引かずに達成できる目標にしなくてはなりません。

短期的で実現可能な目標を立てることにより脳が活性化するということは、「何かをしよう」という意欲が出てくるということです。短期的なストレスをかけることで、脳を活性化して自分の能力を十分に発揮することができるのです。

実現可能な目標設定を

人間はあまり高いところに目標設定をすると、乗り越えられないほどのストレスを感じてしまいます。

自分がもう少し頑張れば手が届く、達成可能になることであれば、ストレスをうまく使って自分の能力を引き出すことができます。

キャリアアップにおいても、最初から社長になろうと思ったら大きなストレスになります。家をきれいにするにも、すべての部屋を新築並みにピカピカにしようと思ったらハードルが高すぎます。「まずは係長から」「今日はバスルームだけ」と目標設定を低くし、それをクリアしていくというのが軽度のストレスを使う上手な意欲のつくり方です。

こうした方法は、もちろんダイエットにも当てはまります。

ダイエットで最初に10kgやせると目標設定してしまうと、ほとんど実現不可能になってしまいます。あまりに大きな目標では、脳を活性化して意欲を引き出すことができず、やる気がなくなってしまうわけです。

ですから、ダイエットの場合もまずは手の届く範囲の目標から始めましょう。具体的には、「1ヵ月で1～2kg落とす」くらいの目標が適しています。この程度のストレスなら、オーバーカムできるはずです。

ストレスを解消するには達成可能な目標が大切です。〝やれるところからやる〟ことを忘れず、一歩一歩進んでいくことを心がけましょう。

自分の得意なことから徐々に

オーバーカム法では、実現可能な目標を立てると同時に、自分の得意なものから進めていくことも重要です。苦手なことからクリアしようとすると、何もできなくなってしまいがちだからです。

ダイエットの場合だったら、三食の食事の量を減らすと結構つらいので、まずはお酒の量を減らすなどの方法になります。

ダイエット自体がストレスになってしまったら、元も子もありません。

目標をだんだん大きくしていくと、ポジティブな副作用として〝ストレス耐性〟がどんどん強くなっていきます。ストレス耐性とはストレスに対する強度であり、目標をクリアするたびにストレスに対して強くなっていき、乗り越えていける力が増していくことを意味します。

要するに、ストレスをオーバーカムするごとに脳内に変化が起こって、困難なことに向かっていける意欲も加速度的に強くなっていくのです。

そのためにも、最初の目標設定をいかに低くするかということです。ダイエットの場合は1ヵ月に1～2kgが最適と述べましたが、この目標を毎月継続させていくのです。すると、最初の数ヵ月はそんなに難しくないかもしれませんが、だんだんときつくなるはずです。

しかし、その苦しさを乗り越えることでより強靭なストレス耐性を身につけることができます。

苦しくなったときは、〝自分のオーバーカム能力も成長しているはずだ〟と思ってチャレンジを続けてください。

日頃からストレス克服を意識する

オーバーカム法は、ストレスから逃げずに立ち向かう方法です。それが極限まで達しているのがレーサーや冒険家といえます。彼らは、スピードや危険な状態にあえて自分を追いやり、その状態を楽しんでいるのです。

あるF1レーサーは「普段の生活ではまったくドキドキしない」と言っていました。彼らは危険な状況になって初めてドキドキした緊張感が生まれるようです。

もちろん、こうした方々は例外的といえるかもしれません。レーサーや冒険家は、より危険なことを求めることが大きな快感になっています。スピードを出せないことや安全な状態にいることがむしろストレスになっている。

脳内物質でいえば、セロトニンの多い人にそういうことができるといわれています。いわゆる「リスクを好む」タイプで、極端にいってしまえばギャンブルをやったほうがストレス解消になる人々です。

普通の人は、スピードは怖いから出さないということがストレスの回避方法ですし、ギャンブルは負けると嫌だからやらないわけです。自分に合わせたストレス回避をしないと、ますますストレスになってしまいます。

普通は、ストレスやリスクを好まない人のほうが多い。だから、最も多いのは危ないことは最初からやらないというストレスの回避方法です。心配になるようなことをわざわざしないというスタイルですね。

しかし、望むと望まざるとにかかわらず、大きなストレスが襲ってくる可能性があるのが現代社会です。ですから、日頃からある程度、ストレスを克服する手法を身につけておいたほうがよいのはいうまでもありません。そうすることで、いざストレスに直面しても過食に逃げることもなくなるでしょう。

苦手なことに少しずつトライして克服

Ｆ１レーサーとまではいかなくとも、ストレスを追求することで自分自身を変えることができるのがオーバーカム法です。

たとえば、人前で話すのがとても苦手で、それがストレスになる人がいるとします。人前に立つと緊張してしまい、言葉がうまく出てこないタイプです。

この場合、人前で話す機会を増やしていくことが、ストレスを克服することにつながります。先述の通り、急に苦手なことにチャレンジするのは難しいですが、ハードルを一番低くして、徐々に負荷を上げていけば決して困難なことではありません。

基本的に人間は、先が読めないことに対する不安感を持っています。人前で話すことへの不安もまさにそうで、「うまくしゃべれないのではないか」という未来への不安感があるわけです。

しかし、人前でしゃべるという経験（ストレス）を重ねることによって、実は自分で思っていたほどその不安が大したことではないとわかってくれば、そんなに緊張しなくなります。経験値がカバーできる範囲は思っているよりも広いのです。少しずつでも自力で努力を重ねることで、経験値が増して苦手なことに対応できるようになります。

苦手なことに少しずつトライする方法は、脳を変えるのに有効です。あがり性だったら、ちょっと勇気を出して人前で話す機会を増やしていく。はじめは少人数の前で短めに話す。徐々に人数を増やしていき、話す時間も３分、５分と長くしてみる。最後は結婚式のスピーチなどを積極的に引き受ける。そういう方法もあります。

仕事も同じことです。徐々に苦手なことを克服することによって脳が活性化され、さらに意欲が出てくるようになるのです。

決断を下すことでストレス解消

では、長期的なストレスはどうでしょうか。

短期的なストレスと違って、「自分ではどうにもならない」状況だからこそ、長期のストレスになるのですが、それでもどこかでなんとかして終わらせなければならないところにこの回避の難しさがあります。

たとえば、多額の負債を抱えて首が回らなくなっているケースを考えてみましょう。いろいろなつてを頼るも万策尽き、どうにもならなくなったとします。取り立てに怯《おび》える毎日は強烈なストレスになり、心と体に深刻なダメージを与えてしまいます。このまま何も手を打たずギリギリまで追い詰められた状況を放置していては、いつ深刻な被害が出てもおかしくありません。

ここでの最終的な解決法は、自己破産しかありません。しかし、自己破産するといろいろと社会的な制約を加えられることを心配したり、世間体が気になったりして思い切った行動を取れないということがあります。

何かを失うことを恐れて、何も手が打てない状態が延々と続くわけです。しかし、最終的には決断する以外にストレスを回避する方法はありません。

会社の上司との人間関係がうまくいっていない場合や、あるいは子どもが学校でいじめに遭っている場合なども同様です。それらが大きなストレスとなって心身を蝕《むしば》んでいるなら、最終的にトラブルを解決するためには、会社に直訴して部署替えをしてもらうか会社を辞める、学校に直談判するか転校を考えるしかないわけです。

もちろん、そうした決断はリスクを伴い、とても行動力が要るものです。しかし、思い切って行動してみたら会社や上司が折れた、学校側が適切に対応してくれたというケースもあるわけです。

いちばんまずいのは、強いストレスを抱えたまま放っておくことです。それは、これまで見てきたように肥満につながるばかりではなく、うつや深刻な健康悪化を呼び寄せてしまいます。

現代社会は強いストレス社会です。日本では年間3万人を超える自殺者がいます。2009年の自殺者は3万2845人で、遺書などから動機がわかっているのが2万4434人。健康問題が最も多い動機で、なかでもうつ病が6949人とトップを占めています。ストレスを抱えたままでいると、自殺という悲劇を迎えてしまいかねません。

そうした状況において自分で自分を守るためには、最終的にはなんらかの決断を下さなくてはなりません。決断を下すことが最も有効なストレス回避の方法なのです。どのような結論が出るにしろ、よくなろうと悪くなろうと、ストレスを回避するためにはとにかく決断するということが避けられません。

何もしないで悩み続けることは決してよい結果にはつながらないのです。ストレス回避のためには、最後の最後で決断することがどうしても欠かせません。とはいえ、なかなか自分ひとりで決断できないこともあります。

そんな場合は、ひとりで思い悩んでいるのではなく、誰かにアドバイスを頼んでもよいのです。友人でもいいし、専門家でもいい。とにかく、第三者が間に入ることで決断を促されることが好ましいのです。

次のチャレンジをしよう

ちょっと重々しい話が続いてしまいました。ここまで例として借金や人間関係を挙げて述べてきたのは、非常に強い長期的なストレスの回避法でした。

日常生活のより小さなストレスにおいては、友人と会って愚痴をこぼすとか、ショッピングなどの〝気晴らし〟行為がストレス回避につながります。

脳の報酬系のしくみを思い出し、友人と会ったりショッピングをしたりといった快感に結びつくようなことを意図的に行い、ドーパミンを出すことで快感を得てストレス回避を試みましょう。

もちろん、ストレス回避のために過食に走るのはもってのほかですが……。

ストレス回避を早くするためには、失敗などをあまり後悔しないことが大切です。

失敗をずっと引きずって後悔していることがストレスになってしまうからです。不安や失敗などを早く吹っ切ったほうが過食になることを避けられるのです。

では、それらをなるべく早く忘れてストレスを解消するためにはどうすればいいのでしょうか。

いちばんは、次の問題に臨むということです。次のチャレンジをしようということですね。失敗は新しいことをできるチャンスだと思い、新しいことに取り掛かってみることが重要です。

一度仕事に失敗しても、また次のことに挑戦する。〝失敗したから与えられたチャンスなんだ〟と割り切って考えてしまえばいいのです。

それこそがポジティブシンキングです。成功した実業家はみんなこのポジティブシンキングの持ち主です。〝たとえ会社がつぶれても、もう一回、つくればいいんだ〟という開き直りですね。

前向きにあれをやろう、これをやろうといろいろ考えていけば、ストレスを乗り越えられるようになります。

なぜポジティブシンキングになれないか

とはいえ、なかなかポジティブシンキングになれない人もいます。そういう人は、いろいろとこだわり過ぎてしまうのでしょう。これは性格の問題になってしまいます。脳内物質でいえば、セロトニンの量が少ないということです。セロトニンの量が多ければ、チャレンジ精神が出てきて、失敗してもほかのことに手が出せる。これは不安や恐れなどをあまり感じないタイプの人たちのことで、先ほどのレーサーや冒険家のような人たちといえます。

脳内のセロトニンの量は遺伝的要素などで決まっています。後天的に大きく変えることは不可能でしょう。

同様に、持って生まれた性格を変えるのは難しい。だから、思考訓練を繰り返すことで、脳内を少しずつ変えていくしかありません。

自己改革セミナーなどを受講してポジティブシンキングに変わる人もいます。その意義は認めますが、一方で実質的には暗示や洗脳に近いものも多くあります。本当に変わったのかどうか疑問を抱かざるを得ません。

となると、性格やセロトニンの量を後天的に変えることができないのなら、ポジティブシンキングになることは無理なのでしょうか。

いいえ、悲観することはありません。

経験を経るほどポジティブに

そのためのカギになるものは、経験です。「人間、いいときもあるし悪いときもある」というのは当たり前の話なのですが、実体験を根拠にそう言える人はなかなかいません。だから、失敗してしまうと、もうダメだと思ってしまいます。

「いやいや、我慢していれば必ずいいときが来ますよ」と邪心なく確信して言えるのは、ある程度経験を積んだ大人です。そうした大人は、運勢がよくなって調子に乗ってきたら逆に「気をつけないとまた大変なときが来るよ」という自分自身に対するアドバイスができます。何より大切なのは、経験値なのです。

脳的に考察すると、歳を取るとネガティブなことに脳があまり反応しなくなって、ポジティブなことに反応するようになる傾向があります。したがって相対的に前向きになることができるのです。

本書をお読みの方はまだまだお若い方が多いでしょうが、わかりやすく説明するために、ここで高齢者の例を挙げておきましょう。

よく、昔は怒りっぽかったのに歳を取ると気長になり、細かいことに目を向けなくなる方がいます。自分の子どもに対してはスパルタで厳しく接していたのに、孫を見るとデレデレになってすっかり孫煩悩になってしまう方も多いのです。

これも脳的に考察すると、大脳辺縁系の中でも情動を生み出すとされる扁桃体の機能が低下した影響だといえます。それで人の怒った顔にはあまり関心を持たなくなり、笑っている顔には反応するようになります。高齢になるまでには自分の配偶者や家族が亡くなるなど、いくつかのつらい経験を経て、そうした悲しみに対しての耐性ができるのです。

心理的なことばかりでなく、肉体的な痛みに対しても歳を重ねてゆくにしたがって耐性ができていきます。子どもは注射を痛がって泣き叫ぶけれど、大人になると黙って受け入れることがいい例です。

歳を取り、経験値を積んでいくとはそういうことなのです。

20歳よりも30歳、30歳よりも40歳のほうが感情の起伏が緩やかになり、人間が大らかになるのは、加齢によるある種の脳機能低下の結果だといえるわけです。

しかし、これは本当に機能「低下」なのでしょうか。言い方を変えれば「人間性が出てきた」とか、「丸みや深みが出た」ともいえます。歳を取ることで、ストレスに対して強くなったという捉え方です。脳がそのように変化してきたというわけです。

これは、若く経験が浅いころはポジティブシンキングがなかなかできなくても、年月を経て、経験を積むと、ものごとを前向きに捉えられるようになることを示唆しています。

逆に考えれば、若い世代でもさまざまな経験をすることでポジティブシンキングを抱けるようになるということです。たとえ現在はなかなか前向きになれなくても、「自分はダメだ」と悲観する必要はないのです。いまよりも半年後、半年後よりも１年後のあなたのほうがより経験値も増し、ポジティブに向かっているのです。

重要なのは、誰にとっても脳は常に変化していくということです。そのことは、私たちに大きな希望をもたらします。

ストレスがなければ脳は変化していかない

ここまではダイエットにとっても、また生きる上でも大敵となるストレスへの対処法を紹介してきました。大切なことは、そもそも生きている限りストレスがないという状況はまずあり得ない、ということです。ならば、脳を変化させるための手段としてストレスが存在すると考えればよいのです。

自分にとってマイナスとなることでも、それと共存したり乗り越えたりすることで人間は脳内にいわば〝ストレス免疫〟を作り上げることができます。自分にとってマイナスの存在が実は自分を鍛えるのです。

脳の機能は、困難なことをクリアしていくことで段階的によくなっていきます。そうした負荷をかけないと脳は変化しないし、体も変化しないのです。逆にいえば、ストレスがなければ脳は変化していかないのです。

楽なことばかりをやっている人間の頭がよくなり、何も動かない人間の筋肉が増えていくということはありません。現実にはどの世界においても、負荷をかけたトレーニングを重ねていかないと一流にはなれません。世の中はそういうしくみになっているわけです。

たとえば筋肉を鍛える場合、最初は２kgのウエイトトレーニングから始めて、５kg、10kgと徐々に負荷を増していきます。そうすることによって筋肉はどんどん太く、大きくなっていくわけです。

まったく同じことがダイエットにもいえます。負荷をかけ続けないと変化していきません。

結局、ダイエットもどこかで適度なストレスをかけるということがないと成功しないのです。

第5章

最新経済学理論でダイエットを考える

これまでの章では、なぜダイエットに失敗してしまうのかを脳のしくみに沿って解説し、脳内物質の働きやストレスへの対処を含めてダイエットを成功させる方法を紹介してきました。

では、最終章となる本章では少し視点を変えて、最新の経済学理論からダイエットを考えてみましょう。「ダイエットと経済学になんの関係があるの?」と思われるかもしれませんが、人間の経済的行動を研究する経済学には、実はダイエットを成功させるヒントが数多く隠されているのです。

行動経済学とは

従来の経済学では、人間は常に自己利益を追求すると考えられてきました。自分が損をしたり、他人のためにお金を使ったりはしないとみなされてきたのです。「合理的経済人」(ホモエコノミクス)である人間は常に私利私欲をベースに、合理的かつ利己的に行動するという前提で経済学が成り立っていました。

ところが、実際の人間の経済行動は、思いつきで物を買ったり、人のためにお金を使ったりします。必ずしも自分の利益を追求して行動するだけではないのです。

たとえば、無償で自分とは無関係の人に利益を与える寄付行為や献血などは、自己利益を前提とした従来の経済学では成り立たないはずです。

行動経済学は、そうした人間が実際に行う振る舞いから経済学を見ていこうというものです。もともとの経済学が利益追求型で理念的になっていたところを反省し、必ずしも経済的に合理的とはいえない人間の実際の行動を研究しています。その意味で、経済学と心理学が手を組んで生まれた学問といえます。

人間は他人のために物を買ったりするし、自分が得にならない物にお金をかけたりするわけです。行動経済学はこうした現実に沿ってものごとを考えようとしています。

つまり、本書がテーマとしている理性だけではどうしても抑えることのできない本能や頭のしくみを考慮しているといえます。

ダイエットにも人間の非合理的な行動が表れています。生活習慣病などの重いリスクがわかっていれば、合理的な人間は肥満になることを避けるはずです。ところが実際は、〝わかっちゃいるけどやめられない〟タイプの人が多く存在します。これまで何度も述べてきた通り、悪いとわかっていながら目の前のケーキに手を出してしまうのが〝生身〟の人間なのです。

なぜ〝生身〟の人間は非合理的な行動をしてしまうのでしょうか。その謎が解明されれば、ダイエットにとっても有効な理論が導き出せるはずです。

この章では、実際の人間行動の原理を研究する行動経済学から、ダイエットのヒントを探っていきましょう。

ヒューリスティクス

行動経済学には「ヒューリスティクス」(heuristics) という考え方があります。あまり聞きなれない言葉ですが、これを日本語でいえば「簡便法」「発見法」「近道」「方略」などになります。

行動経済学でいうところのヒューリスティクスとは、「問題を解決したり、不確実な事柄に対して判断を下したりする必要があるけれど、そのための明確な手がかりがない場合に用いる便宜的《べんぎてき》あるいは発見的な方法」のことです。

なんだか難しそうですね。

では、もっと簡単に言い換えましょう。おおざっぱに言えば、これは「直感」のことです。つまり、なんらかの複雑な問題があるとき、いろいろと手順を踏んで論理的に解決するよりも、むしろ「きっとこうに違いない」という直感的な解決方法を選択するということです。

その代表的なものが「利用可能性ヒューリスティクス」です。

利用可能性ヒューリスティクスとは、問題を解決するときに過去の事例などを思い出し、それに基づいて判断することです。つまり、未知のことに対処するときに、最近の事例や非常に目立った例などを思い出し、そのときの記憶に基づいて判断していくという方法になります。

このとき、どのような記憶を参考にするのでしょうか。ここで重要になるのが脳の記憶のしくみです。

短期記憶と長期記憶

記憶には短期記憶と長期記憶があります。

短期記憶は数十秒以内の短い記憶のことで、主に脳内の海馬と呼ばれる部位に関係します。人間の頭に入ってくる情報は、まずこの海馬に送られるのです。

海馬はエンドレステープのように瞬時に情報を記憶し、新しい情報が入ってくると上書きを繰り返して次々に更新していきます。

脳はハードディスクのようにすべての情報を記録していく記憶装置ではありません。日常の出来事や会話などの短期記憶はやがて忘れられる運命にあります。そうした短期記憶の中で重要なものや印象に残っているものだけが長期記憶に移行していくわけです。

長期記憶は消えにくい記憶です。海馬にいったん記録された短期記憶が大脳皮質に移行することで忘れられない長期記憶となると考えられています。

つまり、海馬が黒板ならば、大脳皮質はノート、本棚といったところでしょうか。長期記憶に移行されるのは、感情に訴える記憶や繰り返し刻み込まれた記憶です。自分の好きなことや興味のあること、覚えようと思ったことなども長期記憶として保存されます。

要するに、印象に「強く」残るものや自分が覚えようと「強く」意識した記憶は忘れられずに残っていくのです。この〝強度〟が強ければ強いほど記憶に残りやすいといえるでしょう。

運動の記憶も忘れられずに残ります。水泳や自転車のように最初は練習が必要だけれど、習得してしまえばあまり意識せず自然にできるようになることも、長期記憶の一種です。この場合、記憶される位置は大脳皮質ではなく、脳内の小脳や大脳基底核という部分に移動します。

運動のプログラムは通常の長期記憶とは別の場所にしまいこまれるわけです。これも非常に強く消えない記憶です。いわば身体的な記憶となり、いちどマスターすると体が勝手に反応するようになります。

さて、ここが重要なところですが、長期記憶は完璧に保存されるものではありません。むしろ、思い出すたびに変化していくこともあり得ます。

長期記憶はまったく変化しないと思われていますが、実は非常にあいまいに変化していってしまうというのが、現在主流の考え方です。

自分が「覚えている」と信じていることも、現実には記憶と違うことが起きていたのかもしれないのです。

たとえば、同窓会などで久しぶりに会った友人と昔話をすると、お互いの記憶が微妙に違っていることがあります。とくに子どものころの記憶などは、正しいか間違っているか判別することが非常に難しいものです。「確かにこんなことがあったはず」という記憶が単に思い違いであり、実際には起こっていなかったということも十分あり得るわけです。

遠い昔の記憶に限らず、わりと最近のことでも覚え違いをすることがあります。記憶は常に変化してしまっているのです。

ヒューリスティクスバイアスにご用心

利用可能性ヒューリスティクスは、そのいいかげんな長期記憶に基づいて問題を判断します。したがって、その判断自体がますますいいかげんになってしまうこともあり得ます。

記憶に残った特徴的なことだけを捉えてものごとを判断してしまうので、その記憶自体が誤っていると判断が非常にブレてしまう可能性があるということです。

利用可能性ヒューリスティクスでは、自分の思い出しやすいこととか、たまたま強烈な印象を持っていることで判断してしまいがちになるので、非常にバイアス（偏見）がかかりやすい。これを、「ヒューリスティクスバイアス」といいます。

後述しますが、これがダイエットの失敗に大きく関わっているのです。

ヒューリスティクスバイアスに陥る危険があるのは、長期記憶の間違いだけではありません。人間の記憶はテレビや雑誌の影響を強く受けます。たとえば、テレビで凶悪犯罪が大きく取り上げられると、凶悪犯罪がすごく増えたように思ってしまいます。しかし実際は、日本における凶悪犯罪は年々減っていることが統計上明らかなのです。

また、飛行機事故を恐れて、「あんなに危険な乗り物には絶対乗らない！」という方がいます。こうした方は飛行機の墜落を恐れる一方、日常生活で自動車には平気で乗っています。しかし、飛行機事故と自動車事故の起こる確率は、自動車事故のほうがはるかに高いのです。飛行機事故を恐れる方は、直感的な印象に惑わされてしまっているわけです。

人間はたまたま見聞きした情報が強く脳内にインプットされ、そのデータはいろいろなところで当てはまると思い込んでしまうものです。情報が鮮烈であればあるほど、そうした傾向が強くなります。こうした情報を利用可能性ヒューリスティクスとして用いることで、判断を誤ることがあります。

きちんとした統計的な情報よりも、脳に蓄積された記憶による判断に傾いてしまうわけです。これまで述べた通り、人間の記憶は案外いいかげんなものです。それらをもとにして判断を下すと間違いを起こしやすいのです。

ヒューリスティクスにはトゲがあります。ヒューリスティクスバイアスの罠はいたるところにしかけられています。

ヒューリスティクスとダイエット

人間が安易なダイエットに飛びつきやすいのは、行動経済学的には利用可能性ヒューリスティクスでものごとを判断してしまうからといえます。

たとえばテレビで「画期的なダイエット法です!」と紹介されたとか、有名人が「私も愛用しています」と宣伝することで、人間の心は影響されてしまいます。「テレビでやっていたから」「芸能人が言っていたから」など、話題性があるというだけで非常に効果があると思ってしまうのです。そしてそのダイエット法に飛びつき、結局は失敗していくわけです。

逆に考えれば、〝売る側〟はマーケティングの手法として利用可能性ヒューリスティクスをフル活用しているのです。ダイエット器具やダイエット食品の通販番組にも芸能人、著名人がよく登場します。それを見た視聴者に、「私にも簡単にダイエットができるみたい！　これなら努力しなくてもいいや！」と思い込ませようとしているのです。

ヒューリスティクスの反対はアルゴリズムといい、こちらは論理的な手順を踏む方法をいいます。正解を導く方法としてはこちらのほうが圧倒的に正しいのだけれども、人間はついつい直感的な方法に飛びついてしまう。

「体重を減らすことについてあれこれ考えるよりも、あの有名人が宣伝しているダイエットマシンを買えば簡単にやせられるんじゃないか」と考えてしまうわけです。

購買行動全体にこうした考えが影響しています。

しかし、ダイエットの場合は器具を買えばすむという話ではありません。家電や貴金属であれば買ってしまえばそれで満足しますが、ダイエットの場合は、そのマシンを使って自分が運動しなければなりません。

そこがすりかえられてしまっています。多くの人は「物を買えば、ダイエットに成功するんだ」と考えてしまいます。実際は購入後にダイエットのために毎日努力しなければならないという部分がすっぽりと抜けてしまっているわけです。

ここにも利用可能性ヒューリスティクスの落とし穴があります。

はじめの一歩に他人の成功例を

では、このしくみを理解した上で、利用可能性ヒューリスティクスをダイエットの成功に結びつけるにはどうすればいいでしょうか。

第一歩としては、成功例を見聞きすることで、「自分もやせられる」と思うことです。念のため書いておきますが、通販番組で紹介される成功談ではありませんよ。それらの真偽の程については言及しませんが、鵜呑《うの》みにすることはお勧めできません。紹介されているダイエットの手法以外に厳しい食事制限をしているかもしれませんし、ひょっとしたらその後、リバウンドしたかもしれません。

だからこそ一番信用できるのは、あなたの周りで、実際にきちんと自腹を切って、コツコツと時間をかけてダイエットした人、今もリバウンドせずにキープできている人の成功例です。

最初から「自分は絶対にやせられない」と思っている人間にダイエットは不可能で

す。しかし、第一歩として、食べ方に注意しただけで減量に成功した人がいることを知っているだけでもずいぶん違うものです。

それが「私もダイエットしてみよう」というきっかけになります。

ダイエットに成功した人や成功例を思い浮かべて、「自分もダイエットできる」と直感的に感じられることが大切です。

ただし、繰り返しになりますが、メディアに登場する人の成功例を見て、「努力しなくてもできる」「簡単だ」と思ってしまうことは禁物です。ヒューリスティクスバイアスの落とし穴に気を配った上で、「私にもできる」と自分に言い聞かせることが重要なのです。

なので、まずはダイエットの〝はじめの一歩〟として積極的に利用可能性ヒューリスティクスを用いてみましょう。

具体的イメージを持とう

強い印象に左右されがちなヒューリスティクスに大きな影響を与えるのは「具体的イメージ」です。

運転免許証を更新する際の講義で、交通事故の模様をビデオで見せることがありますね。一瞬のよそ見が原因で悲惨な交通事故を引き起こしてしまい、車がメチャメチャに大破する。その光景を見せられると背筋が寒くなる思いがします。

さらにビデオでは、事故の後遺症に運転手が悩む姿や、相手への損害賠償が一生の重荷になるといったリアルな現実を講習者に「これでもか！」と見せつけます。こうした光景を目の当たりにすると、私たちは「これはひどい。交通事故だけは起こしたくないな」と心から思うものです。

これもヒューリスティクスの効果を用いた方法です。

事故の確率を数値やグラフで淡々と示すより、悲惨な事故現場の映像を見せたり重苦しい話を伝えたりするほうが、講習者に与えるインパクトが強烈になります。

これをダイエットに当てはめてみましょう。

すなわち、「肥満は病気になりやすいですよ」という説明よりも、「肥満になると病気で苦しんだ挙げ句に亡くなってしまいますよ」「太ったら、脳卒中になって寝たきりになってしまいますよ」というアピールのほうが効果的です。

食べ過ぎによって行き着くネガティブな結果を、具体的イメージを描きやすいように頭にインプットすると、強烈な印象を残すことができるのです。

肥満のリスクを理解しよう

私たちは食べ過ぎが体に悪いという知識は漠然と持っていますが、食べ続けたらその結果が具体的にどうなるか、というところまでは考えが及んでいないことが多いのです。まずは「肥満になると何がいけないのか」「太ってしまうとどうなるのか」をきちんとインプットしておかなくてはなりません。

行動経済学の観点からすると、「何のためにやせるのか」という部分を本気で理解しないと、ダイエットは成功しないのです。本質的なリスクを理解するかどうかが大きな分かれ道となります。

多くの人は太ると最終的にどうなるかということを現実としてあまり考えていません。

私は職業柄、喫煙にも詳しいのですが、肺がん患者の９割は喫煙者といわれています。ほぼ１００パーセントということです。

しかし、その数値はまだあまり知られていません。食道がんや腎臓がんも喫煙と高い相関があるのですが、こちらも周知されていません。喫煙も肥満もリスクが実感として感じられていないのです。

多くの人が持っているイメージは、「肥満のリスクは糖尿病になること」くらいかもしれません。その他にどういった健康上のリスクがあるのか、肥満を放置すると最終的にどうなってしまうのか、という詳しい知識、具体的なイメージがないのではないでしょうか。だから、ダイエット目標がなかなか定まらないのでしょう。

こんなにある肥満のリスク

ここで、肥満の主なリスクを並べてみましょう。

なお、肥満を測定する国際的な基準として、ＢＭＩ（ボディ・マス・インデックス）があります。この数値は、体重（kg）を身長（m）の2乗で割って算出します。日本では、ＢＭＩが25以上だと肥満と判定されます。

ＢＭＩが25以上になると、動脈硬化症、心筋梗塞、脳梗塞、がん、高血圧、糖尿病などの内臓疾患が急激に増えるとされる。

- ＢＭＩが30を超えている男性の大腸がん発症率は、ＢＭＩが正常な人に比べて75パーセント高いという調査結果がある。
- ＢＭＩが25以上の人はそうでない人と比べて肝臓がんにかかるリスクが２・２２倍になるという厚生労働省の調査結果がある。
- 金銭的な負担も増す。厚生労働省の調査によると、ＢＭＩが30以上の人が40歳以降にかかる医療費の総額は男性が平均１５２１万円、女性が１８６０万円で、どちらもやせた人の１・３倍かかっている。

いかがですか。

肥満のリスクはこれほどまでに高いのです。このまま食べ続けると肥満になり、さまざまな病気にかかりやすくなる。さらに出費も相当かさんでしまう。そうなったら生計を立てることや、ショッピングを楽しむこともとても難しくなる……。

こうした具体的イメージをダイエットのためのヒューリスティクスにぜひ活用してください。

太った自分のイメージが過食のブレーキ

イメージ操作でいえば、肥満になってしまった自分の姿を頭の中で描いてみることも一手です。

太った姿というのは、なかなか自分でイメージするのは嫌ですね。しかし、だからこそ印象に残り、効果があるのです。次のように想像してみましょう。

このまま食べ続けていって、あなたの体重は5kg、10kg、15kgとどんどん増えてしまいました。あごは二重になり、二の腕はたるみ、お腹はポッコリと脹《ふく》らみ、かつてのスタイルは見る影もありません。

ベルトの穴を調節するどころか、これまで着ていた洋服が着られなくなり、どれだけ頑張ってもジーンズが入りません。友人から軽蔑のまなざしが向けられるなか、恥を捨てて、新しい洋服を買いに行かなければなりません。

いかがですか。肥満になってしまってからの具体的な日常生活をイメージすることによって「絶対こうはなりたくない」という気持ちになり、自己統制が働きやすくなるはずです。

イメージはとても大切なものです。もし街を歩いていて肥満の人を見つけたら、自分がそうなったときの姿を常に重ね合わせてイメージするようにしましょう。それが過食にとって効果抜群のブレーキになるのです。

困ったら原点に立ち返る

行動経済学では、選択肢が多ければ多いほど、自分の下した選択が正しかったのか後から不安になるとされます。

医学・健康情報は世の中にあふれています。あふれているからこそ正しく判断がしにくくなることもあります。ダイエットのための健康食品やサプリメントの知識をたくさん持っていることで、途中で「やっぱり過食を抑えることよりダイエット食品やダイエット器具でやせられないかな」と思ってしまうのです。

世の中には、情報や選択肢が少ないほうがかえって正しい判断をできることもあります。

ダイエットの大きな目的は「見た目」と「健康」です。そこに到達するまで、あまりいろいろな手段を介在させるとかえって迷走してしまいます。

原点に立ち返りましょう。ダイエットの手段として本書で推奨しているのは、基本的に「ゆっくり食べよう」ということです。ダイエット食品やダイエット器具など、あまりに手段があり過ぎると〝船頭多くして船山に登る〟ことになりかねません。

気をつけたいコンコルドの誤謬

また、いろいろな手段を試すと、ダイエットに失敗するだけでなく、金銭的にも大きな落とし穴にはまってしまう危険があります。行動経済学の世界では有名な「コンコルドの誤謬《ごびゅう》」です。

かつてイギリスとフランスが共同開発した超音速旅客機コンコルドは、開発途中で採算が取れないことがわかったのに、すでに莫大な開発費用がかかっていたため、「このまま終わらせたらもったいない」とばかりに惰性で続けてしまい、莫大な赤字を残しました。

これはダイエットの世界でもいえることです。

たとえば、高額なサプリメントを1ヵ月分購入したとします。しかし、なかなか効果が表れません。さすがにそんなにすぐにはやせないかと思い、もう1ヵ月分を購入します。ところが2ヵ月経ってもやせない。これで最後、と思って3ヵ月目に突入します。でも、やっぱり効果がない。本来ならば見切ってやめるべきです。ところが、すでにその段階で、3ヵ月分も自分に〝投資〟しているのだからこのまま途中で終わらせてはもったいないとずるずる続けてしまうのです。さらにお金をつぎ込んで失敗を繰り返した挙げ句に「最初から食べ過ぎに注意しておけばよかったんだ」となります。

こうなると、脂肪だけでなくクレジットカードの支払いも残るというダブルパンチを食らいかねません。

繰り返しになりますが、過食を抑えるためにとにかく「ゆっくり食べましょう」ということがすべての基本です。この方法のいいところは新規コストがほぼゼロということです。

余計な判断材料を遮断して、常に基本に戻ることが大切です。シンプルな目的とシンプルな手段がなんといってもベストなのです。

アンカリングとは〝思い込み〟

「アンカリング」は、「船が碇《いかり》（アンカー）を下ろすとそこにつながれた鎖の範囲しか動けない」という意味からできた言葉です。

行動経済学では、確実な事象について予測するとき、はじめにある値（アンカー）を設定し、そのあとで調整を行って最終的に予測値を確定するしくみを「アンカリングと調整」と呼びます。

しかし、いざ調整しようとすると予測値が、ついついアンカーに引きずられてしまうことが起こります。

つまり、ものごとを決めるときの初期基準値をどこかで設定してしまうと、判断を下すときにある特定の範囲でしか結論が出せなくなるということです。このバイアスをアンカリング効果と呼びます。私たちは日常生活においても、アンカーに依存してしまう傾向があるのです。

人間が最初に見せられた数字に引っ張られてしまうことは、いろいろな実験で証明されています。

日常的な例では、ある商品を購入しようか迷っているときに、「希望小売価格2万5000円」と聞かされたあとで、「販売価格2万3000円」と言われると、「ああ、お買い得だ。買おうかな」と思ってしまいます。

最初から「販売価格2万3000円」となっている商品よりもお得だと感じてしまうわけです。

この場合は、希望小売価格（2万5000円）がアンカーになっているので、それより低い販売価格（2万3000円）が「安い！」と判断されるのです。

アンカリングとは、〝思い込み〟のなせる業なのです。そして、これはダイエットにも関係しています。

体重のアンカリングをどこにするか

ダイエットにおけるアンカリングとはどういったものでしょうか。

たとえば、現在の体重が理想より10kgオーバーしているとしましょう。最初は慌てますが、だんだん慣れてくると「ここからプラスマイナス2kgぐらいはたいしたことないかな」と思い、食事時も気にせず食べて太ってしまいます。

このケースでは10kgがアンカーになってしまい、そこから2～3kgの増減に価値が認められなくなっています。かつては理想体重から500gでも増えていたら大騒ぎしていた人でもこうなってしまいます。

自分の体重のアンカリングをどこにするか、つまり基準値や目標値をどこに置くかで体重は大きく左右されることになります。

肥満の場合、「10kgオーバーしているけど、まあいいか」という考えが前提にあると、「まあ、2kgやせてもあんまり変わらないか」と〝思い込んで〟しまうのです。

これを避けるため、ダイエット時は現在の体重や目標体重をその都度しっかりメモしておき、頭の中に刻み込んでおきましょう。体重がどれだけ変化したかをきっちりと確認しておくことでアンカリング効果から逃れることができます。

アンカリングを意識して、効果的なダイエットをめざしましょう。

注目すべき二重プロセス理論

人間は脳内にふたつの情報処理システムを持っています。

ひとつは、直感的な情報処理システム。これには素早い、自動的、感情的といった特徴があります。脳の機能から、右脳的システムといえます。

右脳は直感的でアナログ的であり、おおざっぱに全体を把握します。視覚的な情報処理や映像処理が得意であることも右脳の特徴です。

もう一方は、分析的な情報処理システム。こちらは慎重、意識的、規則的などの特徴があります。同じく脳の機能からいえば、左脳的システムといえます。

左脳は論理的でデジタル的であり、数字や言語を用いて情報を分析することに優れています。

この両方のシステムを人間は、ときと場合により使い分けています。最近は「男性が右脳的で女性が左脳的」などという説明が流布していますが、専門的な解説ではないのでそれほど気にすることはないでしょう。

むしろ注目すべきなのは、このところの研究で人間は直感的な情報処理システムを優先しがちだとわかってきたことです。つまり人間の判断は分析的な理性よりも、直感的な感情に基づくことが多いというわけです。先に紹介した「利用可能性ヒューリスティクス」も、人間の脳のこうした特徴を利用したものです。

ダイエットに右脳を有効活用する

ダイエットにおいても、人間の脳の持つ直感的な情報処理システムが使われています。

「どれだけカロリーを消費して、どれだけのカロリーを摂取したか」といった分析的・左脳的な計算よりも、デジカメダイエットのような直感的・右脳的な方法が優先されるのです。

左脳の場合は、食べ物を秤《はかり》で量って「これは何gだから、カロリー計算によると、何キロカロリー」という計算をします。まさしく分析的な情報処理システムです。こちらのほうが正しいのですが、分析した結果、一日に肉は何gしか食べない、炭水化物はこれくらい、と決めた通りに実行するのはなかなか難しいものです。

一方の右脳は見た目でパッと判断します。「そろそろやめておいたほうがいいかな」「もう一杯くらい大丈夫だろう」と直感的に結論を出してしまうのです。大雑把ですが、判断するのは簡単です。

ですから、どうしても右脳的なダイエットになってしまうのです。これを補強するために、料理を見てさっとカロリー計算ができるようになれば効果はますます大きくなります。アバウトで構わないので、「ご飯１膳だから何キロカロリー、このおかずは何キロカロリー」とおおよそのカロリー値を即座に頭で思い浮かべることができれば、「これだけなら食べていい」「これ以上食べてはいけない」と直感的に判断できるようになり、その誤差も大幅に縮まるでしょう。

失敗の原因は「異時点間の選択」にあった

本書ではダイエットはゆっくり焦らず、継続できるペースで始めることを勧めました。しかし、やはりダイエットするならばすぐに効果が表れないと嫌だという人も多いと思います。

最終的な着地点が理想体重に近いほうが正しいダイエットだということがわかっていても、つい目先の大幅減量に手が出てしまうのが人間であるということです。

行動経済学では、やろうと決定した時点と、損失や利益が出る時点が時間的に離れているような意思決定を「異時点間の選択」といいます。

私たちはどのような基準で異時点間の選択を行っているのでしょうか。

たとえば、
(A) 明日1万円をもらうか、(B) 1ヵ月後に1万1000円をもらうか
という2択を用意した場合、多くの人が (A) を選択します。

ところが、
(A) 明日10万円をもらうか、(B) 1年後に15万円をもらうか
という2択の場合は、逆に (B) を選択する人が多いのです。

つまり、人間には目先の報酬の満足度より、将来の報酬の満足度を小さく評価するという特性があります。この満足度が割り引かれる程度のことを経済学では「時間割引率」といいます。よほど将来の報酬が大きくないと、目先の報酬にひかれてしまうのです。

ではこれをダイエットに当てはめると、何がいえるでしょうか。

仮に、
(A) 1週間後2kgやせるダイエットか、(B) 半年後5kgやせるダイエットか
という2択があるとします。(A) はハードなダイエットのため、継続ができませんがすぐやせます。(B) は徐々にやせていくダイエットのため、すぐには効果が出

ませんが、最終的に半年後には５kgやせます。あなたはどちらを選択しますか。

人間は目先の報酬の満足度を将来の満足度より高く評価するため、（A）を選択してしまう人もいるかもしれません。

しかし、行動経済学を知った上で、あらためて考えると、（B）のほうが最終的に得であることは再認識できます。

ダイエットは焦らずじっくりと。この原則が揺らぎそうになったときには、ぜひ、この「異時点間の選択」を思い出してください。

ダイエットのインセンティブ

これまで脳の機能として、報酬系というシステムを紹介してきました。ここでの報酬と同じ意味を持つのが、経済学用語でいうところの「インセンティブ」です。

経済学はインセンティブの学問といっても過言ではありません。このインセンティブを考えることがダイエットにとってもヒントになります。

最近はマイレージをたくさん貯め込んでいる人も多いかと思います。もはやひとつの趣味といってもいいでしょう。

マイレージ目当てで泊まるホテルを選んでしまったり、あまり好みではない商品まで買ったりしてしまうことがあります。ホテルや商品の内容より、マイレージが貯まることを重視してしまうのです。

この心理はダイエットでも応用されています。

たとえばスポーツクラブの中には、「入会後1ヵ月で脂肪100gやせるごとに100円キャッシュバック」というキャンペーンを行うところがあります。これもマイレージと同様のやり方です。

利用者としては脂肪減少と引き換えにキャッシュバックがあるので、一生懸命ジムに通います。このキャンペーンがダイエットの強力なインセンティブになっているのです。

スポーツクラブ側としても、利用者にジム通いに励んでもらって一定の成果が出ることで、「もっと頑張ればもっとやせられる」というモチベーションを与えることができ、解約せずに継続して利用してもらえます。

こうしたキャンペーンの多くは条件が「脂肪減少」であり、「体重減少」ではありません。単に体重を減らすより体脂肪を減らすほうが難しいのです。

また、キャッシュバックされるのはそのクラブ内でのみ使うことのできる金券として支払われるケースが多いなど、クラブ側の賢い戦略もあるものの、利用者がダイエットに成功する確率は高くなっているといえるでしょう。

スポーツクラブは会費が高いし、近所にスポーツクラブがない、という方もいるでしょう。しかし、別にスポーツクラブに通わなくともいいのです。インセンティブのしくみを知り、この考えになじむことで、あなたのダイエットのヒントが見つかります。

たとえば、家族に「脂肪100gやせるごとに100円ちょうだい」と頼んでみてはどうでしょうか。恋人でも友人でも構いません。そのかわり、「脂肪100g太るごとに200円返す」というリバウンド対策も必要です。

あなたがやせて健康になるならば、100g100円くらいは安いと思ってくれるでしょうし、失敗してリバウンドしたら、逆に200円手に入るのですから、おもしろがって賛同してくれる人がすぐに見つかるでしょう。

コミットメントを活用しよう

行動経済学においては、「コミットメント」の効果が重要視されます。

コミットメントとは、日本語に訳せば「果たすべき約束」のこと。自分の将来の行動を約束し、その約束に対して責任を負うことです。また、そうした覚悟や強い意志の表明そのものもコミットメントといわれます。これは将来の自分の行動を縛ることになり、めざす行動の成果が出やすくなるとされます。

これをダイエットに利用しない手はありません。ダイエットにおいて、周囲の人間に「自分はやせるんだ」という意志の表明をし、そのことで自分の将来の行動を縛り、約束に対して責任を負うわけです。一見簡単そうに見えますが、「約束を表明する」ことは意外と効果が大きいのです。

その場合、単に「やせる」ではなく、具体的な数値を挙げて表明することが重要です。たとえば家族や友人に「これからダイエットを始める。目標は3ヵ月で5kgやせること」と宣言します。口で言うだけでなく、その約束を書いた紙を冷蔵庫に張っておいてもいいでしょう。宣言がいつでも目に入る状況を作るのです。

さらに、果たせなかったときの罰則を加えると、その効果はさらに増します。ペナルティーですね。家族や友人に「約束が守れなかったら花束をプレゼントする」「体重が減らなかったら月々の自分のお小遣いを減らす」などと誓うことで、他人を巻込むと同時に自分に対してプレッシャーを与えることができます。

禁煙のコミットメントをした人は、灰皿を捨てることもしばしばです。ダイエットの場合には冷蔵庫を捨てるわけにはいかないので、冷蔵庫のドアに「ダイエット実施中」と張り紙をしたり、酒瓶や食料品に「飲まない」「食べない」と付箋《ふせん》をつけたりといった工夫をしてみましょう。掟を破って食べたり飲んだりしてしまったら100円寄付するなど、罰則を設けておくことも有効です。

子どもがいる場合は、「パパはダイエットするからね」「ママはこれからやせるよ」と子どもと約束すると、ダイエット成功の可能性がかなり高くなります。親としての威厳を守るためにも、子どもとの約束はどうしても守る必要があるからです。

会社の同僚や部下にも「ダイエットを始めた」と公言し、自分を崖っぷちに立たせます。こうして〝背水の陣〟をしくことで、あなたのコミットメントはより強力なものになるはずです。

すね。

神経経済学に期待する

最後に、最近、注目を集めるようになってきた神経経済学（ニューロエコノミー）を紹介します。これは、行動経済学と脳内の活動を結びつけた比較的新しい学問です。

これまでは、経済的な行動をしている人間の脳の中が実際にどうなっているのかは調べようがありませんでした。

しかし、脳の血中酸素量や血液量の変化を測定する機能的磁気共鳴画像法（ｆＭＲＩ）が開発されてから、人間が行動するときに脳内のどの部分が活動しているのかリアルタイムでわかるようになりました。そこから、人間の経済行動と脳の活動の関係を調べる神経経済学という学問が誕生したのです。

たとえば、お金を見ると脳内のどの部分が活発になるのか、どうやって商品を展示すると脳内がどう興奮するのかといった実験が繰り返され、マーケティングなどに利用されています。

行動経済学のさまざまな理論は、膨大なデータを駆使して人間の行動原理を解明するものの、「ではなぜそうなるのか」という点についてはあいまいな部分がありました。

しかし、ｆＭＲＩで実際の脳内活動を測定することにより、脳の活動と人間の行動にどのような結びつきがあるのかが、さらに詳細にわかるようになってきています。

たとえば先の「異時点間の選択」でいえば、近い将来の利得を選択する場合には、脳内の腹側線条体《ふくそくせんじょうたい》や前頭前内側皮質といった部分の活動が活性化することがｆＭＲＩによる測定で観察されています。

これらは報酬系のドーパミンによって刺激される部位なので、人間の行動が報酬系によって大きく影響されることが証明されたことになります。

科学技術の進歩により、これまで以上に脳内の活動が明らかになりつつあります。その理論を活かしたダイエット法もこれから多く生まれるでしょう。神経経済学の今後の発展に期待したいと思います。

おわりに

いまのところ、特殊な手術以外にダイエットを確実にできる方法はありません。食べなければやせるとわかっていても、それがいかに失敗しやすいか、本書で理解できたのではないでしょうか。

行動を変えるのは、知識だけでは難しい、その観点から本書はスタートしました。これは臨床医として、患者さんに接していても常に感じることです。喫煙がいかに体に悪いかを説明しても、直接、禁煙行動に結びつくことがないのです。

ところがたばこの値段が大幅に上がって、禁煙したいという人が増えてきました。病気になれば、経済的な負担がたばこ代以上に大きくなるのがわかっていながら禁煙できなかったのに、100円以上値段が上がるということで、多くの人が禁煙をしようとするのです。

人間の行動というのは、なかなか理解しがたいものだとつくづく思います。

本書はダイエットのために、どんな行動を取ればいいのか、それも日常の生活の中に組み入れることで、いかに無理なくできるかということを追求しています。

そういった方法では短期間に激やせというわけにはいきません。

しかし、健康ということを目的に考えるなら、長期的なダイエットに成功してこそ意味があります。

だからほんのちょっとした工夫の積み重ねこそ、成功への道です。

結論から言えば、自分がどれだけ食べているのか認識すること。ゆっくり食べること、やせる目標を実現可能なレベルにして、宣言することなのです。

そこであなたが、自分がやはり食べ過ぎていると客観的に認識できれば、ダイエットの成功への道は開かれたようなものです。

食べる量を減らすというのは、健康的な生活を送るというだけでなく、実は長生きや認知症の予防にもつながっていくのです。

「行動を変えることができる」

そんな意識を持てるようになれば、ダイエットだけでなく、仕事にも自信が持てるはずです。

まずはほんのちょっとの努力をスタートしてみましょう。

本書は2010年11月に刊行された『脳をダマせばこんなにやせる』（小学館）を、文庫化にあたり再編集したものです。

米山公啓ー1952年、山梨県に生まれる。作家、医師（医学博士）。超音波を使った脳血流量の測定や、血圧変動から見た自律神経機能の評価などを研究。聖マリアンナ医科大学第二内科助教授を1998年２月に退職。本格的な著作活動を開始するかたわら、米山医院で診療を続けている。一方で、認知症の予防、脳の活性化方法、大脳生理学的に見た恋愛論といった多彩なテーマで講演を行うなど幅広く活動。
著書には『もの忘れを防ぐ28の方法』（集英社文庫）、『脳が若返る30の方法』（中経の文庫）、『「健康」という病』（集英社新書）、『若さに勝る「中年力」30の習慣』『男は「段取り脳」でよみがえる』（以上、講談社+α新書）など多数がある。

講談社+α文庫 一生太《いっしょうふと》らない食《た》べ方《かた》
――脳専門医が教える8つの法則
米山公啓《よねやまきみひろ》

2013年３月19日第１刷発行

発行者――鈴木 哲
発行所――株式会社 講談社
東京都文京区音羽2-12-21 〒112-8001
電話 出版部(03)5395-3529
販売部(03)5395-5817
業務部(03)5395-3615
デザイン――鈴木成一デザイン室
本文データ制作――朝日メディアインターナショナル株式会社
カバー印刷――凸版印刷株式会社
印刷――慶昌堂印刷株式会社
製本――株式会社国宝社

落丁本·乱丁本は購入書店名を明記のうえ、小社業務部あてにお送りください。
送料は小社負担にてお取り替えします。
なお、この本の内容についてのお問い合わせは
生活文化第二出版部あてにお願いいたします。
Printed in Japan ISBN978-4-06-281509-3
定価はカバーに表示してあります。